Thierseetal

Marianne Reiter / Walter Theil

Karten-Legende auf den Umschlagklappen

Wanderführer

Impressum

© 2011 KOMPASS-Karten, A-6063 Rum/Innsbruck (11.01)

1. Auflage 2011 Verlagsnummer 5619 ISBN 978-3-85026-388-7

Text und Fotos von den Autoren außer S. 8, 57, 61, 73, 77, 89 (Siegfried Garnweidner), S. 11 (Ofp kommunikation GmbH)
Titelbild: Thiersee mit Vorderthiersee (Foto: Bildagentur Dr. Wagner), Bild S. 4/5: Am Hechtsee; Bild S. 6/7: Spiegelung im Thiersee

Grafische Herstellung: wt-BuchTeam, Garching a.d. Alz
Wanderkartenausschnitte: © KOMPASS Karten GmbH

Alle Angaben und Routenbeschreibungen wurden nach bestem Wissen gemäß unserer derzeitigen Informationslage gemacht. Die Wanderungen wurden sehr sorgfältig ausgewählt und beschrieben, Schwierigkeiten werden im Text kurz angegeben. Es können jedoch Änderungen an Wegen und im aktuellen Naturzustand eintreten. Wanderer und alle Kartenbenützer müssen darauf achten, dass aufgrund ständiger Veränderungen die Wegzustände bezüglich Begehbarkeit sich nicht mit den Angaben in der Karte decken müssen. Bei der großen Fülle des bearbeiteten Materials sind daher vereinzelte Fehler und Unstimmigkeiten nicht vermeidbar. Die Verwendung dieses Führers erfolgt ausschließlich auf eigenes Risiko und auf eigene Gefahr, somit eigenverantwortlich. Eine Haftung für etwaige Unfälle oder Schäden jeder Art wird daher nicht übernommen. Für Berichtigungen und Verbesserungsvorschläge ist die Redaktion stets dankbar. Korrekturhinweise bitte an folgende Anschrift:

Walter Theil, Irmengardstr. 9, D-84518 Garching a.d. Alz
Tel.: 0049/(0)8634/689803, Fax: 0049/(0)8634/689804
info@wt-buchteam.de, www.wt-buchteam.de

KOMPASS-Karten GmbH, Kaplanstraße 2, A-6063 Rum/Innsbruck
Tel.: 0043/(0)512/2655610, Fax: 0043/(0)512/2655618
kompass@kompass.at, www.kompass.at

Marianne Reiter / Walter Theil

Was macht das Thierseetal für Sie so besonders?

Es ist nur einen Steinwurf von der viel befahrenen Inntalautobahn entfernt – ein hoch gelegenes, verträumtes Wanderparadies mit idyllisch gelegenen Bergseen, einladenden Alpengasthöfen und abwechslungsreichen Pfaden und Steigen. Die Bergkette vom Pendling über Köglhörndl bis zum einsamen Hundsalmjoch ist ein wahrer Aussichtsbalkon zum Inntal hinab und hinüber zu den schroffen Zacken des Wilden Kaisers.

Wer leicht erreichbare Gipfelziele mit anschließendem Badevergnügen kombinieren mag, wer bewirtschaftete Almen und familienfreundliche Berggasthäuser schätzt, der ist im Thierseetal gut aufgehoben.

Vorwort

Wer die alpinen und schweißtreibenden Touren im österreichischen Kaisergebirge kennt oder die oft überlaufenen bayerischen Wanderregionen rund um den Wendelstein, der wird überrascht sein, zwischendrin – fast dem deutsch-österreichischen Grenzverlauf entlang – ein wahres Wanderparadies zu entdecken. Ein Gebiet, das einerseits noch wenig bekannte, naturbelassene und stille Winkel und Ecken zu bieten hat, andererseits aber eine ganze Reihe erstklassiger und leicht erreichbarer Aussichtsgipfel besitzt.

Das Thierseetal ist ein sonnenverwöhntes Hochplateau, das eingebettet in Wiesen und Wälder und umrahmt von mächtigen Gebirgsgruppen fantastische Wandermöglichkeiten für Jung und Alt bereit hält. Herrlich gelegene Naturbadeseen und einladende Alm- und Berggasthöfe lassen keine Wünsche offen und sind ideale Ausgangspunkte oder Wanderziele für familienfreundliche Unternehmungen, für genussvolle Rundtouren oder erholsame Spazierausflüge.

Besuchen Sie die letzte Einsiedelei oder die einzig öffentlich zugängliche Eishöhle Tirols, rauschen Sie mit dem neuen alpinen Spaßmobil, dem Mountaincart, ins Tal oder erleben Sie eine traumhafte Vier-Seen-Tour: Der Abwechslungsreichtum und landschaftliche Reiz dieser Wanderregion wird Sie beeindrucken.

Viel Spaß und viele schöne Tage im Thierseetal!

Marianne Reiter und Walter Theil

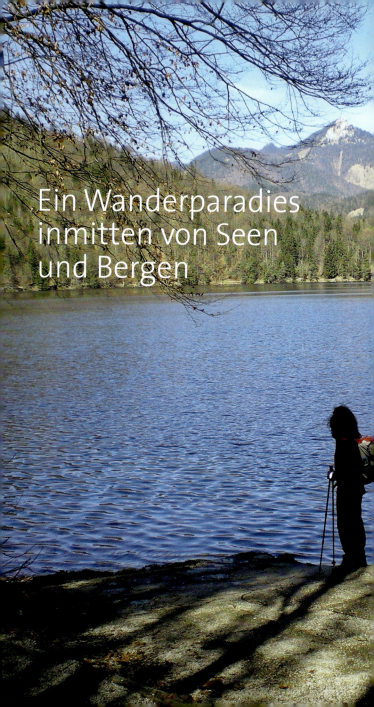

Ein Wanderparadies inmitten von Seen und Bergen

Thierseetal | Inhalt

Inhalt

Seite | Schwierigkeitsgrad | Gehzeit (in Stunden)

		Seite	Schwierigkeitsgrad	Gehzeit (in Stunden)
	Das Gebiet	8		
	Thiersee	10		
	Hechtsee	10		
	Biotope	8		
	Sehenswürdigkeiten und Ausflugsziele	10		
	Ausgangsorte, Hütten, Berggasthöfe und Almen	12		
	Unsere schönsten Touren	14		
1	Hechtsee-Umrundung	16	●	0:50
2	Hechtsee – Thierberg-Kapelle – Neuhaus	20	●	2:40
3	Hechtsee – Egelsee – Pfrillsee – Längsee	24	●	3:10
4	Thiersee-Umrundung	28	●	0:40
5	Thiersee – Dreibrunnenjoch – Stimmersee	32	●	1:40
6	Pendling	36	●	3
7	Pendling – Kalaalm	40	●	3:30
8	Schneeberg – Kalaalm	44	●	1:50
9	Schneeberg – Pendling – Höhlensteinhaus	48	●	4:30
10	Korinusklamm	52	●	1
11	Wieshof – Höhlensteinhaus – Köglhörndl	56	●	6
12	Sonnberg – Trainsjoch	60	●	4:30
13	Ursprungpass – Mariandlalm – Trainsjoch	64	●	4:15
14	Mariastein – Alpengasthof Buchacker	68	●	3:45
15	Eishöhle	72	●	4:30
16	Buchacker – Köglalm – Höhlensteinhaus	76	●	3:30
17	Buchacker – Köglhörndl – Hundsalmjoch	80	●	7:15
18	Bärenbadhaus – Höhlensteinhaus – Feuerköpfl	84	●	2:30
19	Bärenbadhaus – Köglhörndl – Höhlensteinhaus – Feuerköpfl	88	●	4:30
20	Dampflwirt – Feuerköpfl – Höhlensteinhaus	92	●	3:15
	Index	96		

Länge (in Kilometern)	Höhenmeter Aufstieg	Höhenmeter Abstieg	Parkplatz	öffentliche Verkehrsmittel	Aufstiegshilfe	Abstiegshilfe	Einkehr	Übernachtungsmöglichkeit	Gipfel	Schwindelfreiheit erforderlich	Kinderwagentauglich	Kinderfreundlich	Fahrradtauglich	kulturelle Highlights	für Allergiker geeignet	Bademöglichkeit	mit Panoramablick	Rundtour
2,75	10	10	●	●	–	–	●	–	–	–	–	●	–	–	○	●	●	●
7,75	215	215	●	●	–	–	●	–	–	–	–	●	–	–	●	○	●	●
9,75	120	120	●	●	–	–	●	–	–	–	–	●	–	–	●	○	●	●
2	10	10	●	●	–	–	●	–	–	●	–	○	●	○	●	●	●	●
4,75	120	210	●	●	–	–	●	–	–	–	–	●	○	–	○	●	●	–
6,75	615	615	●	–	–	–	●	●	●	–	–	●	○	–	○	○	●	●
8,75	615	615	●	–	–	●	●	–	–	–	–	●	○	–	○	–	●	●
6,5	420	420	●	●	–	–	●	–	●	–	–	●	○	–	○	–	●	●
12,5	695	695	●	●	–	–	●	–	●	–	–	●	–	–	○	–	●	●
3	270	270	●	●	–	–	●	–	–	–	–	●	–	–	○	–	○	●
16	785	785	●	●	–	–	●	●	●	○	–	○	–	–	○	–	●	●
12,75	895	895	●	●	–	–	●	–	●	○	–	○	–	–	○	–	●	●
13	905	905	●	●	–	–	●	●	●	○	–	○	–	–	○	–	●	●
9,25	865	865	●	●	–	–	●	–	●	–	–	●	–	–	○	–	●	●
11,75	960	960	●	●	–	–	●	–	●	–	–	●	–	●	○	–	●	●
9,75	905	225	●	●	–	●	●	–	●	–	–	●	○	–	○	–	●	–
16,5	1250	1250	●	●	–	–	●	●	●	○	–	○	–	–	○	–	●	●
4	475	475	●	–	–	–	●	●	●	–	–	●	–	–	○	–	●	●
9,50	880	880	●	–	–	–	●	●	●	○	–	○	–	–	○	–	●	●
6	775	775	●	–	–	–	●	●	●	–	–	●	–	–	○	–	●	●

● Schwierigkeitsgrad   ● Ja   ○ Bedingt   – Nein

Thierseetal | Das Gebiet

Das Gebiet

Durch das Inntal vom Kaisergebirge getrennt, etwas versteckt, aber von Kufstein leicht zu erreichen, erstreckt sich auf einem sonnigen Hochplateau ein herrliches Wandergebiet. Umrahmt von mächtigen Gebirgsgruppen und eingebettet in Wiesen, Wälder und idyllische Bergseen erweist sich das Thierseetal als ein Erholungsgebiet von hohem Rang.

Das Gemeindegebiet von Thiersee ist flächenmäßig das zweitgrößte im Bezirk Kufstein und damit größer als das Stadtgebiet von Innsbruck. Es liegt an seinem tiefsten Punkt knapp über 600 m hoch und erreicht seinen höchsten Punkt am Hinteren Sonnwendjoch (1986 m) knapp unterhalb der 2.000-Meter-Marke.

Der von der Inntalautobahn aus so schroff wirkende Gebirgszug, besonders ausgeprägt im markanten Pendling, zeigt sich vom Thierseetal wesentlich sanfter und einladender. Entlang der Thierseer Ache, einem rund 14 km langen Zufluss des Inn, erstreckt sich das hoch gelegene Tal bis zum Ursprungpass, unmittelbar an der bayerischen Grenze.

 KOMPASS INFO

Biotope im Thierseetal
Innerhalb des Gemeindegebietes von Thiersee befinden sich 42 ausgewiesene Biotope. Speziell in Thiersee gibt es sehr viele in Tirol schon selten gewordene noch naturbelassene Lebensräume. Diese unbedingt erhaltenswerten Lebensräume sind nicht nur Sumpflandschaften, sondern auch oftmals sehr seltene Hochmoore.

Leuchtend blauen Enzian trifft der Wanderer im Thierseetal immer wieder an

Vorderthiersee - eingebettet zwischen See und mächtigen Berggestalten

Der aussichtsreiche und meist nur wenig ausgeprägte Höhenzug vom Pendling (1563 m) über Köglhörndl (1645 m) bis zum Hundsalmjoch (1636 m) – mit der nahe gelegenen Eishöhle – ist nicht nur von Norden her, vom Thierseetal aus erreichbar, sondern bietet auch – mit Ausnahme des Pendlings – mehrere, generell etwas kürzere dafür steilere Anstiegsmöglichkeiten vom Inntal aus.

KOMPASS INFO

Der Thiersee
Der Thiersee wurde bereits 1930 unter Schutz gestellt und ist somit eines der ältesten Naturdenkmäler Tirols. Der See liegt auf einer Meereshöhe von 616 m und hat eine Größe von ca. 25,14 ha, bei einer maximalen Tiefe von 12,4 m. Der Thiersee ist ein Großraumbiotop mit einer schmalen, sehr schönen und artenreichen Uferzone, die mehr als 150 verschiedenste Pflanzen aufweist. Neben der Verbreitung von Seerosen zeichnet den Thiersee vor allem das Vorkommen von Süßwasserkrebsen aus – die bei Gelegenheit abends am Badesteg zu sehen sind.
Der glasklare See ist bei seiner geringen Tiefe und einer Wassertemperatur von bis zu 24 °C nicht nur einer der wärmsten Seen Tirols, sondern wurde 2006 auch zum zweitsaubersten See in ganz Tirol gewählt (hervorragende Wasserqualität der Stufe I)
Zwei Strandbäder und ein Campingplatz machen den Naturbadesee zu einem beliebten touristischen Ausflugsziel.

Sehenswürdigkeiten und Ausflugsziele

Hechtsee
Der Hechtsee (normal 542 m Wasseroberflächenhöhe) ist der beliebteste Badesee der Kufsteiner und ein viel besuchter Ausflugsort. Nur ein paar Hundert Meter vom Nordufer entfernt befindet sich eine Haltestelle des Wachtl-Express. Der Hechtsee wird bereits seit Jahrhunderten durch eine zwei Meter hohe Mauer aufgestaut. Ansonsten wäre sein Wasserspiegel entsprechend niedriger. Am Abfluss in den 35 m tiefer liegenden Kieferbach befindet sich ein kleiner Wasserfall.

Der Hechtsee gehört mit dem **Pfrillsee**, dem **Längsee** und dem **Egelsee** zu den vier Thierberg-Seen, die vermutlich durch Karsthohlräume entstanden sind.

Thiersee
Der Thiersee, 616 m Seehöhe, liegt in einem von Bergen umschlossenen Kessel, mit fantastischer Sicht zum Pendling. Der Badesee bietet hervorragende Wasserqualität, man kann Schwimmen und Bootfahren; im Sommer erwärmt sich der See auf 24 °C.

Wachtl-Bahn
Eine elektrisch betriebene Schmalspurbahn zwischen Kiefersfelden (D) und Thiersee (A). Unter den Schmalspurbahnen mit 900 mm Spurweite die älteste private Schmalspurbahn Europas, die zwischen zwei Ländern verkehrt. Wurde um 1880 in Betrieb genommen, wichtigstes Transportgut ist Kalkstein. Seit 1991 gibt es auch touristischen Personenverkehr und die Museumsbahn erschließt auf der 6,1 km langen Strecke ein weitläufiges Wandertourengebiet.
Museums-Eisenbahngemeinschaft Wachtl. e.V., Am Rain 60,
83088 Kiefersfelden,
Tel. +49 (0)8031/87340
Infos und Fahrkartenvorverkauf:
Kaiser-Reich Tourist Information
Dorfstr. 23, 83088 Kiefersfelden,
Tel. +49 (0)8033/976527

Filmzentrum Thiersee
Thiersee war von 1946 bis 1952 das Zentrum der österreichischen Filmproduktion. Insgesamt 18 Spielfilme wurden hier produziert. Die erste österreichische Nachkriegsproduktion „Wintermelodie" (Produzent und Regisseur Eduard Wieser) feierte am 14. August 1947 in Wien Premiere. Zu den in Thiersee gedrehten Filmen gehören auch „Das doppelte Lottchen", „Eroica", „Blaubart", „Der Weibsteufel" und „Maria Chapdelaine". Etliche europäische Produktionsfirmen waren an den verschiedenen Filmen beteiligt. Internationale Filmstars wie Oskar Werner, Curd Jürgens, Attila Hörbiger, Paula Wessely, Hilde Krahl oder Hans Albers standen in Thiersee vor der Kamera. 1952 wurden die Ateliers aufgegeben und nach Wien verlegt.

Filmmuseum Thiersee
(im Passionsspielhaus)
Verein Freundeskreis Filmmuseum
0043 (0)5372/62207-318

www.filmmuseum-tirol.at
Öffnungszeiten: Mitte Juni bis Mitte Oktober; Mittwoch, Samstag, Sonntag: 13.30–17.30 Uhr

2009 wurde ein Themenweg „Tiroler Traumfabrik" rund um den Thiersee eröffnet. Er bietet die Möglichkeit, spielerisch Thiersee und seine Filmgeschichte kennen zu lernen.Dieser Themenweg ist jederzeit zugänglich.

Die Passionsspiele in Thiersee
Mai bis Oktober 2011
Seit 1799 führen die Thierseer Bewohner alle sechs Jahre ihre bekannten Passionsspiele auf.
Im Jahre 2011 ist es wieder soweit: Mehr als 250 Darsteller und Musiker bereiten sich schon viele Monate vorher für diese traditionelle Veranstaltung vor, die wie gewohnt im über 80-jährigen Passionsspielhaus direkt am Thiersee gelegen stattfindet.
Informationen:
Passionsspielverein Thiersee
Vorderthiersee 17
6335 Thiersee / Tirol
+43 (0)5376/5220

www.festspielhaus-thiersee.at
www.passionsspiele-thiersee.at

Eishöhle
Die Hundsalm-Eishöhle ist die einzige öffentlich zugängliche Eishöhle Tirols. Sie wurde 1921 erforscht und ist seit 1967 als Schauhöhle geöffnet. Über 122 Stufen erreicht man das Innere der Höhle, welche von Mitte Mai bis Ende September mit einem Führer besichtigt werden kann. Einige der Tropfsteine der unter Naturschutz stehenden Höhle werden auf bis zu 350.000 Jahren datiert.
Informationen: Landesverein für Höhlenkunde in Tirol,
Brixentaler Str. 1, A-6300 Wörgl,
Tel. +43 (0)664/2536138 oder 1551425
www.hoehle-tirol.com

 KOMPASS INFO

Tourismusverband Ferienland Kufstein
Unterer Stadtplatz 8, A-6300 Kufstein, Tel. +43 (0)5372/62207,
www.kufstein.com

Das Passionsspielhaus in Vorderthiersee

Thierseetal | Ausgangsorte, Hütten, Berggasthöfe und Almen

Ausgangsorte, Hütten, Berggasthöfe und Almen

Thiersee

mit seinen Ortsteilen **Vorderthiersee**, **Hinterthiersee** und **Landl**. Der 1224 erstmals erwähnte Ort ist flächenmäßig die zweitgrößte Gemeinde im Bezirk Kufstein und größer als das Stadtgebiet von Innsbruck. Das Gemeindegebiet entlang der Thierseer Ache reicht von der bayerischen Grenze bis zum Ursprungpass im Westen. Das Hintere Sonnwendjoch weist mit 1986 m den höchsten, der Wasserspiegel des Thiersees mit 616 m den niedrigsten Punkt auf. Bekannt geworden ist Thiersee als Zentrum der österreichischen Filmproduktion in den ersten Nachkriegsjahren sowie als Passionsspielort durch seine regelmäßig aufgeführten Mysterienspiele.

Mariastein

Mariastein liegt am Südhang des Köglhörndl-Hundsalmjoch-Kamms und ist mit 315 Einwohnern die kleinste Gemeinde des Bezirks Kufstein. Der 42 Meter hohe Wohnturm der ehemaligen Burg ist seit dem 18. Jh. wegen eines Marienwunders zu einem beliebten Wallfahrtsort avanciert.

Niederbreitenbach

Ortsteil von Langkampfen, auf der Südseite des Pendling/Köglhörndl-Kamms im Unterinntal gelegen. Das Schloss Schönwörth in Niederbreitenbach ist ein umgebauter Wohnturm aus dem 13. Jh. Zum Gemeindegebiet von Langkampfen gehört auch der Stimmersee.

Blick über das Thierseetal nach Hinterthiersee

Alpengasthaus Schneeberg - Ausgangspunkt vieler Wanderungen

Bärenbadhaus (nicht mehr bewirtschaftet), mit dem Auto erreichbar.

Buchacker, Almgasthof, geschlossen von November bis Ostern, 14 Zimmer; ist auch mit dem Auto gut erreichbar, Tel. +43 (0)699/12358598.
www.buchackeralm.at

Dampflwirt, Gasthof, Schönwörthstr. 1, A-6336 Langkampfen-Niederbreitenbach, Di Ruhetag, Tel. +43 (0)5332/87444.
www.dampflwirt.at

Höhlensteinhaus, ab Pfingsten bis Ende Oktober durchgehend offen, keine Übernachtungsmöglichkeit, Tel. +43 (0)664/5160380.

Kalaalm, 3 Zimmer (Übernachtungsmöglichkeit für 16 Personen), Tel. +43 (0)664/3944284 oder 2055358. www.kala-alm.at

Köglalm, eine unbewirtete Almhütte.

Neuhaus, Gasthof, Thierberg 4, Do Ruhetag, mit dem Auto erreichbar, keine Übernachtungsmöglichkeit, Tel. +43 (0)5372/64562.

Kufsteiner Haus (Pendlinghaus), Übernachtungsmöglichkeit für 55 Pers., Tel. +43 (0)5376/537.
www.pendlinghaus.at

Mariandlalm (Trockenbachalm), Übernachtungsmöglichkeit bei Reservierung, Tel. +43 (0)664/3504417.
www.mariandlalm.at

Schneeberg, Alpengasthaus, 15 Zimmer, mit dem Auto erreichbar, Tel. +43 (0)5376/5288.
www.gasthof-schneeberg.at

Stimmersee, Gasthof, Am Stimmersee 1, Mi Ruhetag (außer Juni, Juli, Aug.), mit dem Auto erreichbar, Tel. +43 (0)5372/62756.

Trainsalm, einfache Bewirtung, nur offen in der Almzeit, 40 Sitzplätze im Freien, keine Übernachtung, Tel. +43 (0)5376/5979.

Unsere schönsten Touren

Legende

- 🔵 Kilometerangabe
- 🔵 Höhenmeter (Auf- und Abstieg)
- 🔵 Gehzeit
- 🔵 Für Kinder geeignet
- 🔵 Einkehrmöglichkeit
- 🔵 Bergbahn/Gondel
- 🔵 Sessellift
- 🔵 Wichtige Information
- 🔵 KOMPASS Highlight

Kartenlegende auf den Umschlagklappen

Touren im Bereich Thiersee und Hechtsee (Touren 1 bis 5) lassen sich schön mit einem Badeausflug verbinden.

Die Kalaalm (Touren 7 und 8) bietet mit den Mountaincarts eine spannende und unterhaltsame Abstiegs-Alternative, die Jung und Alt begeistert.

Wer eine einsame, aber aussichtsreiche Höhenwanderung machen möchte, wird sich mit Tour 17 über Köglhörndl und Hundsalmjoch auf den Weg machen, wer einen Ausflug in die Urzeit zu schätzen weiß, lässt sich eine Führung in der Eis- und Tropfsteinhöhle (Tour 15) nicht entgehen.

Und mit mit der urigen Mariandlalm (Tour 13), dem Almgasthof Buchacker (Tour 14) oder dem Höhlensteinhaus (Tour 11, 18, 20) warten leicht zugängliche und familienfreundliche Einkehrmöglichkeiten auf Sie.

Schwierigkeitsbewertung

Blau
Hier handelt es sich um gut angelegte (Berg-)Wege ohne echte Gefahrenstellen, die jedermann begehen kann. Das schließt aber kurze, kräftige Steigungen nicht aus. Diese Routen sind gut ausgeschildert und markiert. Auch für alpine Anfänger geeignet.

Rot
Wege und Steige, die in hochalpinem Gelände verlaufen und steil und felsig sein können. Abschnittsweise mit Sicherungen (Drahtseile) versehen. Ein Mindestmaß an alpiner Erfahrung sollte nicht fehlen.

Alpenvereinswetterbericht	+0049 (0)89/295070
Wetterhotline (aus Deutschland/gebührenpflichtig):	09001/295070
Alpenwetter (aus Österreich/gebührenpflichtig):	090091/156680
Notruf allgemein/europaweit:	112
Notruf Bergrettung Österreich:	140
Notruf Deutschland:	19222

1. Hechtsee-Umrundung
Spaziergang mit großartigen Aussichten

Ausgangspunkt: Hechtsee, großer Parkplatz bei der Seearena mit Badeplatz; erreichbar über eine Stichstraße | **Charakter:** Einfacher Spaziergang auf schönem Uferweg ohne Höhenunterschied | **Einkehr:** Restaurant Hechtsee
Karte: KOMPASS Nr. 8, 9, 09 (1:25 000)

 Leicht    2,75 km   10 hm / 10 hm   0:50 Std.

Die Hechtsee-Umrundung ist eine leichte und kurze Wanderung, die man gut mit einem Badeaufenthalt am beliebtesten Badesee in der Umgebung von Kufstein und Kiefersfelden verbinden kann. Von Kiefersfelden fahren wir kurz hinter der deutsch-österreichischen Grenze nach rechts eine serpentinenreiche Stichstraße hoch, bis wir direkt am See einen großen Parkplatz erreichen.

Wir starten unsere Seeumrundung bei der **Seearena**, vorbei am Restaurant Hechtsee, wo wir anschließend einkehren werden. Der Rundweg ist mit einer Dreiviertelstunde ausgeschildert, aber man sollte sich genügend Zeit nehmen, denn es gibt einige sehr schöne Aussichtspunkte unterwegs. Außerdem trägt der See seinen Namen nicht zu Unrecht, mit etwas Glück lassen sich tatsächlich Schwärme von Fischen im klaren Wasser des Uferbereichs beobachten. Und auf der Nordseite eröffnen sich herrliche Ausblicke über den See hinüber zum Zahmen und Wilden Kaiser. Bei Sonnenscheinwetter zeigen sich fantastische Spiegelungen der umgebenden Berge auf der Wasseroberfläche.

Die abwechslungsreiche und gemütliche Wanderung führt auf ei-

> **KOMPASS INFO**
>
> **Hechtsee**
> Der Hechtsee wird seit Jahrhunderten durch eine 2 m hohe Wehrmauer aufgestaut und ist somit 0,28 km² Fläche nicht nur der größte, sondern mit 57 m Tiefe auch der tiefste der sechs Seen im Norden von Kufstein. Eine Infotafel am Wehr unterrichtet uns auch darüber, dass schwefelhaltiges Wasser aus dem See über einen Wasserfall in den 35 m tiefer liegenden Kieferbach abgelassen wird. Ein Phänomen, das sich dem Wanderer und Spaziergänger geruchsmäßig deutlich bemerkbar macht.

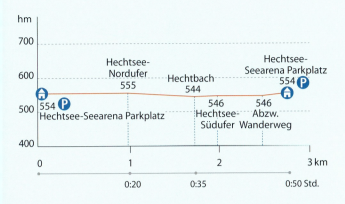

nem sehr schönen Uferweg meist direkt am Wasser entlang. Wir passieren am **Nordufer** auch die „grüne Grenze", ein schmaler, mit Geländer gesicherter Pfad mit einer kleinen Holzhütte. Dort, nur wenige Meter vom See entfernt ist auch ein Grenzstein zu erkennen, der die ehemalige Grenze zwischen Deutschland und Österreich und auch zwischen Bayern und Tirol markiert.

Ein paar Hundert Meter weiter, etwas unterhalb und direkt am Kieferbach, ist auch eine Haltestelle des legendären Wachtl-Expresses.

Vorbei am **Hechtbach**-Zufluss und entlang des **Südufers** erreichen wir wieder unseren Ausgangspunkt, wo uns die Seearena zur erholsamen Abkühlung im See und das Restaurant Hechtsee zur wohlverdienten Jause einlädt.

Blick über den Hechtsee, im Hintergrund baut sich der Zahme Kaiser auf

Thierseetal | 1. Hechtsee-Umrundung

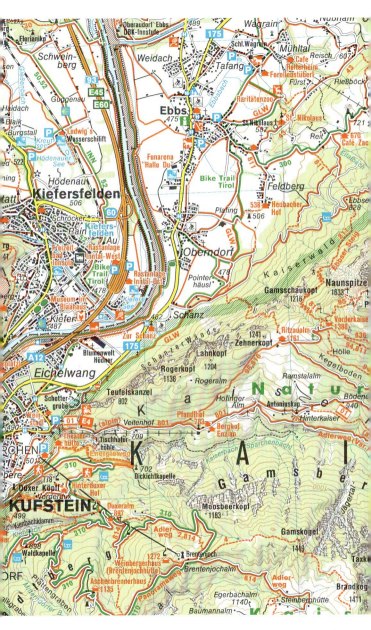

2. Hechtsee – Thierberg-Kapelle – Neuhaus

Aussichtsreiche Wanderung über den Thierberg

Ausgangspunkt: Kiefersfelden; am Ortsausgang Richtung Breitenau linker Hand großer Wanderparkplatz, 50 m | **Charakter:** Bequeme Wald- und Seenwanderung, meist Naturboden, nur ein kurzes Stück auf Asphalt. Am Anfang und vor der Thierberg-Kapelle kurze Steigungen | **Einkehr:** Restaurant Hechtsee; Gasthaus Neuhaus | **Karte:** KOMPASS Nr. 8, 9, 09 (1:25 000)

 Leicht   7,75 km   215 hm / 215 hm   2:40 Std.

Wir starten vom geräumigen **Wanderparkplatz**, der direkt an der Bahnlinie links von der Straße nach Breitenau liegt, bei einem gelb markierten Stein und überqueren auf der Brücke den Kieferbach.

Nach der Brücke folgen wir der Beschilderung nach rechts (Thierberg/Hechtsee). Wir passieren einen Wasserfall und steigen über viele Stufen durch den schattigen Wald zum See hinauf.

Am Seeufer angekommen halten wir uns rechts und wandern eben auf dem schmalen Uferpfad am See entlang. Von hier hat man immer wieder schöne Ausblicke hinüber zu den Gipfeln des Zahmen und des Wilden Kaisers. Wir passieren den **Hechtbach**-Zufluss und halten uns entlang des Südufers, bis uns am Ende des Sees ein Schild „Thierberg-Kapelle" nach rechts leitet. Ab jetzt ist der Weg wieder leicht ansteigend. Bei den nächsten Wegschildern zweigen wir scharf nach rechts ab und wandern auf einem sehr schönen Waldpfad weiter. Wir erreichen eine offene Wiese und sehen vor uns schon die Kapelle.

In der Kapelle ist im oberen Stock ganzjährig eine geschnitzte Weihnachtskrippe zu besichtigen. Vom

⭐ KOMPASS HIGHLIGHT

Thierbergkapelle
Thierberg ist die letzte – zur Zeit allerdings unbehauste – Einsiedelei Tirols. 1676 wurde der erste Einsiedler erwähnt und von 1840 bis 1998 war die Kapelle fast durchgängig von einem Eremiten bewohnt. Der letzte Einsiedler, Bruder Sola, verbrachte hier 44 Jahre.

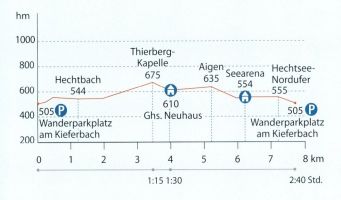

Aussichtsturm neben der **Thierberg-Kapelle** hat man einen fantastischen Blick ins Kaisergebirge, in die Innebene und hinüber zur Festung Kufstein.

Nach der Kapelle halten wir uns links Richtung Kufstein und steigen über mit Geländer gesicherte Stufen etwas steiler ab. Wir befinden uns auf dem mit 14 Stationen versehenen markierten Kreuzweg, der beim Gasthaus Neuhaus beginnt. Bei der dritten Kreuzwegstation verlassen wir aber diesen Weg und folgen dem Schild „Kufstein". Wenig später erreichen wir das **Gasthaus Neuhaus**, wo wir zur wohlverdienten Rast einkehren.

Auf dem Rückweg nehmen wir kurz die Teerstraße, bis wir nach einem Bauernhof bei **Aigen** die Wiese überqueren und wieder in den Wald eintauchen. Wir halten uns rechts, folgen dem Schild „Hechtsee" und wandern vor bis zum Fahrweg. Auf diesem halten wir uns nach links und erreichen in wenigen Minuten das südliche Seeufer und das **Seearena**-Areal mit Gasthaus. Auf der rechten Seeseite bleiben wir auf dem schmalen Seeuferweg und wandern gemütlich zurück zum **Nordufer** des Sees und dann die wenigen Meter hinunter zu unserem Ausgangspunkt.

Aufstieg zur Thierberg-Kapelle

Thierseetal | 2. Hechtsee – Thierberg-Kapelle – Neuhaus

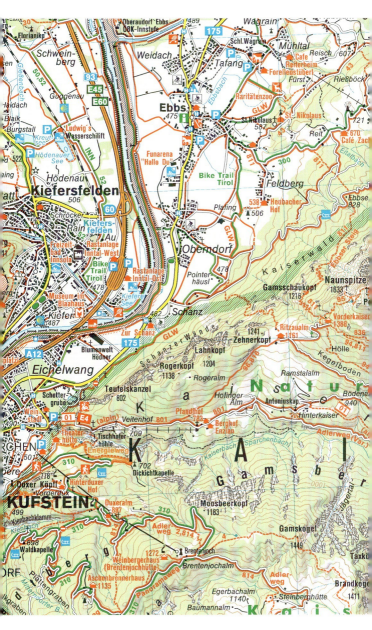

3. Hechtsee – Egelsee – Pfrillsee – Längsee

Gemütliche Vier-Seen-Wanderung

Ausgangspunkt: Hechtsee, 554 m, großer (während der Saison) gebührenpflichtiger Parkplatz beim Strandbad (erreichbar über Stichstraße) | **Charakter:** Bequeme Seenwanderung mit schattigen Waldpassagen auf guten Wegen; einige, aber nur geringe Höhendifferenzen | **Einkehr:** Restaurant Hechtsee, evtl. Abstecher zum Gasthaus Neuhaus; evtl. Abstecher zum Gasthaus Marblinger Höhe | **Karte:** KOMPASS Nr. 8, 9, 09 (1:25 000)

 Leicht   9,75 km   120 hm / 120 hm  3:10 Std.

Die mehr oder weniger versteckten Seen im Thierseetal lassen sich auf die vielfältigsten Weisen miteinander verbinden; in jedem Falle ergibt sich eine erholsame und wenig anstrengende, zwischen verträumt und aussichtsreich abwechselnde Wanderung. Mit dem Auto zweigt man auf der Straße von Kiefersfelden kommend kurz hinter dem ehemaligen Grenzübergang rechts in eine („Hechtsee") beschilderte Stichstraße ab und gelangt zu einem großen Parkplatz am Badesee.

Die Wanderung beginnt am rechten Ufer des **Hechtsees** beim Landhaus Seerose (dort ist auch die Seeumrundung mit einer Dreiviertelstunde ausgeschildert). Wir folgen dem Uferweg bis an das nördliche Ende, zweigen dann nach rechts ab und spazieren über eine kleine Erhebung zum **Egelsee** hinüber. Wir umrunden diesen abseits gelegenen naturbelassenen See, kehren zum Hechtsee zurück und setzen unsere Wanderung an dessen westlichem Ufer dem **Hechtbach** folgend fort. Am **Längsee** vorbei überqueren wir die Thierseer Straße unterhalb der **Marblinger Höhe** (mit einem kleinen Abstecher können wir diese als aussichtsreiche Einkehrstätte besuchen.).

Wir folgen nun der Beschilderung zum Pfrillsee**,** die uns nach rechts auf den direkten und kürzeren Weg in wenigen Minuten zu diesem verträumt liegenden, von Wald umgebenen kleinen **Pfrillsee** bringt. Wir umrunden den See rechter Hand und gelangen am gegenüber liegenden Ende über ein paar steile Stufen hinab auf den alten Thierseeweg, der uns durch den Wald an einer kleinen

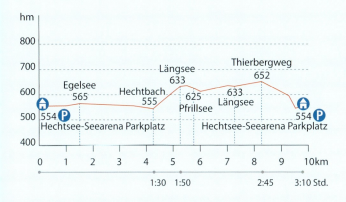

Kapelle vorbei wieder zur Thierseer Straße zurückführt.

Der weitere Rückweg verläuft zunächst wieder auf dem Herweg zum **Längsee**, wo wir erst rechts, später links abbiegen und auf dem **Thierbergweg** direkt zum See und zum Parkplatz bei der Seearena zurückwandern.

Wer genügend Zeit, Lust oder den Wunsch einzukehren hat, kann vom Längsee aus noch einen **Abstecher** zum aussichtsreichen **Gasthaus Neuhaus** und zur ebenso schön gelegenen **Thierberg-Kapelle** machen. Der kleine Einkehrschwung bedeutet allerdings gut 100 zusätzliche Höhenmeter.

Der stille, von Wald umgebene Pfrillsee ist ein idyllisches Fleckchen

Thierseetal | 3. Hechtsee – Egelsee – Pfrillsee – Längsee

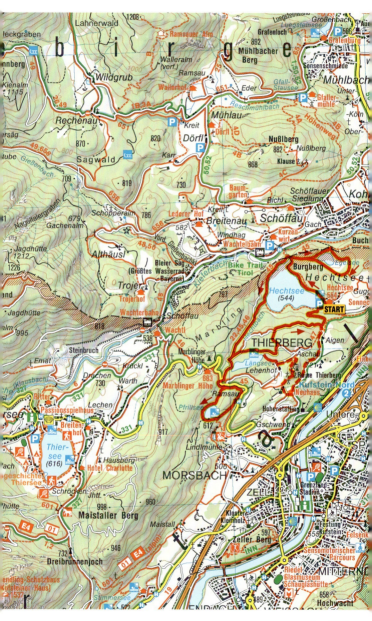

4. Thiersee-Umrundung

Erholsamer Spaziergang in Traumlage

Ausgangspunkt: Vorderthiersee, 616 m, (während der Saison) gebührenpflichtiger Parkplatz | **Charakter:** Leichte Wanderung auf gutem, ebenem Uferweg. Der Rundweg ist auch für Kinderwagen geeignet | **Einkehr:** Café Capuccino, Café Seewirt
Karte: KOMPASS Nr. 8, 9, 09 (1:25 000)

 Leicht   2 km   10 hm / 10 hm   0:40 Std.

Rund um den Thiersee führt ein breiter und schön angelegter Uferweg, der mit vielen Fotomotiven an aussichtsreichen Stellen aufwartet. Der den See großteils einrahmende Schilfgürtel beherbergt eine Vielzahl von Vögel und Fischen, und mehrere Sitzbänke laden zum Verweilen ein. Im Süden, direkt über dem See erhebt sich eindrucksvoll der von hier mächtig wirkende Pendling.

Wir beginnen unsere Rundwanderung beim **Strandbad** am Nordende des Sees und schlendern gemütlich am Cafè Cappucino vorbei auf der Westseite des Sees. Wir passieren den Campingplatz und überqueren mit einem Holzbrückchen einen der kleinen **Zuflüsse** in den Thiersee. Wir folgen dem Uferweg, der uns in einem großen Linksbogen wieder zurück nach Vorderthiersee bringt. Immer wieder ermöglichen uns Stege, die in den See hinausgebaut sind, Fische im glasklaren Wasser zu beobachten. Vorbei an einem **Bootshaus** und einem **Steg** sind wir nach 2 km wieder am Ausgangspunkt angelangt und haben nun die Wahl im Ort Vorderthiersee ein Gasthaus aufzusuchen oder im Café Cappucchino einzukehren.

> **KOMPASS INFO**
>
> **Der Thiersee**
> ist eines der ältesten Naturdenkmäler Tirols, wurde bereits 1930 unter Schutz gestellt. Mit einer Tiefe von nur 12,4 m und ca. 25 ha Wasserfläche ist der auf 616 m Höhe liegende See einer der wärmsten Seen Tirols und ein beliebter Naturbadesee.
> Mit seiner artenreichen Uferzone ist der Thiersee ein Großraumbiotop und weist einige geschützte und gefährdete Arten auf wie z. B. die Seerose. Über 150 verschiedenste Pflanzenarten wachsen um den See und im kalkreichen Wasser leben zahlreiche Fischarten. Eine Besonderheit ist das Vorkommen von Süßwasserkrebsen.

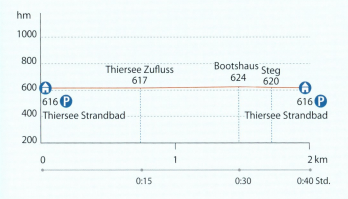

ⓘ KOMPASS INFO

Filmstätte Thiersee
Von 1946–1952 war Thiersee das Zentrum der österreichischen Filmproduktion. 18 Spielfilme wurden hier produziert, darunter die erste österreichische Nachkriegsproduktion „Wintermelodie", die 1947 in Wien Premiere feierte. Zahlreiche namhafte Filmgrößen wirkten in Thiersee (u. a. Curd Jürgens, Hans Albers, Dietmar Schönherr, Paula Wessely). Filmmuseum Thiersee (im Passionsspielhaus untergebracht), Vorderthiersee 17, A-6335 Thiersee, Tel. +43 (0)5372/62207-318, Öffnungszeiten: Juni–Ende Oktober, Fr, Sa 15–18 Uhr, So 13–18 Uhr
www.filmmuseum-tirol.at

Flache und teilweise schattige Uferwege, ideal für erholsame Spaziergänge

Thierseetal | 4. Thiersee-Umrundung

Thierseetal | 5. Thiersee – Dreibrunnenjoch – Stimmersee

5. Thiersee – Dreibrunnenjoch – Stimmersee

2-Seen-Wanderung mit Jochüberschreitung

Ausgangspunkt: Thiersee, 616 m, (während der Saison) gebührenpflichtiger Parkplatz beim Strandbad. Wenig oberhalb, an der Thierseer Straße ist auch die Bushaltestelle | **Charakter:** Aussichtsreiche Seen- und Höhenwanderung auf gut markierten Wanderwegen | **Einkehr:** Café Cappuccino, Café Seewirt, Gasthaus am Stimmersee | **Karte:** KOMPASS Nr. 8, 9, 09 (1:25 000)

 Leicht 4,75 km  120 hm / 210 hm 1:40 Std.

Wer nicht mit dem eigenen Auto über die Marblinger Höhe nach Thiersee hinauffährt und in Vorderthiersee parkt, sondern den öffentlichen Bus nimmt, kann diese aussichtsreiche Wanderung am Stimmersee enden lassen und von dort mit dem Bus wieder nach Kufstein zurückkehren.

Wir starten am **Strandbad** am nördlichen Ufer des Sees und wandern auf der Westseite entlang, bis wir nach dem Campingplatz und dem **Thiersee-Zufluss** an der Südspitze auf den Wanderweg Richtung Dreibrunnenjoch/Stimmersee abbiegen und ihm bis zur Verzweigung mit dem **Fahrweg** folgen.

Alternativ können wir aber auch auf dem Uferweg noch ein Stück weiter gehen, bis wir kurz nach einem Bootshaus wenige Meter rechts hochsteigen und linkshaltend dem gemächlich ansteigenden Fahrweg in Richtung Dreibrunnenjoch folgen.

Der nur wenig anstrengende, aber landschaftlich sehr eindrucksvolle Aufstieg zum **Dreibrunnenjoch** erlaubt uns immer wieder nicht nur herrliche Ausblicke hinüber zum Wilden Kaiser, sondern vor allem auch zum alles beherrschenden, weil unmittelbar neben uns aufragenden Pendling und hinab ins weite Inntal und stimmt uns so für weitere Wandertouren in dieser herrlich gelegenen, vom Tourismusrummel noch weitgehend verschonten Landschaft des Thierseer Tals ein.

Wir folgen nach Überqueren des höchsten Punktes dem gut markierten, zuerst parallel zum Bach verlaufenden Wanderweg, bis wir den Bach bei einer Verzweigung

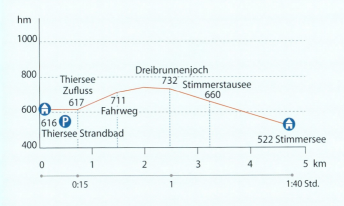

(kurz bevor wir den winzigen **Stimmerstausee** erreichen) nach links überqueren und in Richtung Westen abdrehen. Bei der nächsten Verzweigung halten wir uns rechts und spazieren zum **Stimmersee** hinab. Auch dieser kleine See lädt zu einer gemütlichen Umrundung (rund 1 km) ein, bevor wir im Gasthof zur Brotzeit einkehren und uns dann entweder zu Fuß wieder auf den Rückweg machen oder uns mit dem Bus nach Kufstein zurückbringen lassen.

Blick über den Thiersee

Thierseetal | 5. Thiersee – Dreibrunnenjoch – Stimmersee

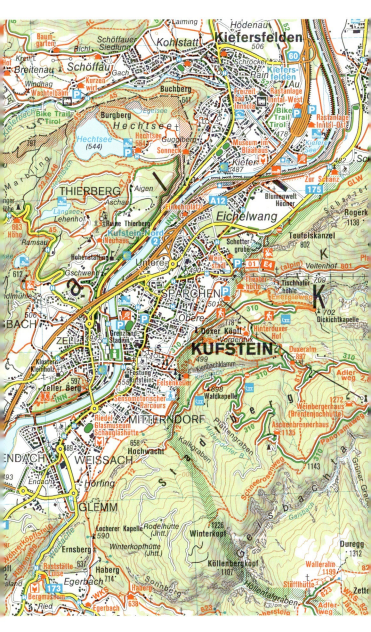

6. Pendling
Ein „schneller" Aussichtsgipfel

Ausgangspunkt: Alpengasthaus Schneeberg, 950 m (beim Gasthof Pfarrwirt, an der Straße Vorderthiersee-Hinterthiersee links abbiegen; asphaltiertes Sträßchen führt hinauf; großer, gebührenpflichtiger Parkplatz) | **Charakter:** Schön angelegter, schattiger Steig zu einem grandiosen Aussichtsberg mit Hütte
Einkehr: Alpengasthaus Schneeberg, Kufsteiner Haus
Karte: KOMPASS 8, 9, 09 (1:25 000)

 Leicht   6,75 km   615 hm / 615 hm   3 Std.

So eindrucksvoll sich der Pendling den aus Norden auf der Inntalautobahn in Richtung Kufstein kommenden Autofahrern zeigt, so beeindruckend ist andererseits der Blick von diesem herrlichen Aussichtsberg ins Inntal hinab – und natürlich darüber hinaus ins Kaisergebirge und bei klarem Wetter bis zum Großglockner und Großvenediger. Keineswegs zu verachten ist weiterhin, dass man dieses Schauen in unmittelbarer Nähe eines herrlich gelegenen und gut bewirteten Schutzhauses, dem Kufsteiner Haus (oder auch Pendlinghaus), genießen kann. Und dass der Pendling ein häufig besuchter Wanderberg ist, besteht natürlich auch in der Tatsache, dass er trotz seiner abweisend felsigen Frontseite eine recht wanderfreundliche „Schwachstelle" auf seiner nördlichen Rückseite aufweist, über die man schnell und relativ einfach diesem Aussichtsberg aufs Dach steigen kann. Erfreut, dass man zumindest die Hälfte seiner Parkplatzgebühr später im **Alpengasthaus Schneeberg** einlösen kann, starten wir dort unsere Tour und folgen der Markierung via Pendling.

Zunächst auf einem Stück Teerstraße bis zu den letzten Häusern, dann weiter auf einer breiten Forststraße. Nach ca. 15 Minuten erreichen wir die **Abzweigung** Pendling/Kaltwasser, der wir nach links folgen. Ein schöner **Steig**, teils mit Stufen, leitet uns im schattigen Wald hinauf. Dann überqueren wir nochmals die Forststraße und halten uns an den Weg Nr. 430, dem wir zum Kamm des **Pendling** hinauf folgen. Vorbei an zwei Gipfelkreuzen, wo uns schon herrliche Panoramaaussichten gewährt werden, gelangen wir nach wenigen Metern zum **Kufsteiner Haus**, das sich nur ein paar Meter unterhalb des plateauartigen Gipfelbereiches in einer sehr aussichtsreichen Lage befindet. Die senkrechten Abbrüche vor dem

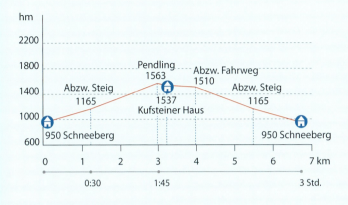

Haus sind durch einen Zaun gesichert. Von dessen Terrasse aus schweift der Blick dann über den Thiersee, den Hechtsee, die Stadt Kufstein, die Autobahn, die Innschleifen und eine grandiose Bergwelt hinweg und lässt die wohlverdiente Einkehr auch zu einem ästhetischen Genuss werden. Der Abstieg verläuft über den Anstiegsweg bis zur **Fahrweg-Abzweigung**, alternativ können wir aber auch direkt vom Kufsteiner Haus weg dem Fahrweg Richtung Kalaalm folgen. Bei der Verzweigung mit dem Wandersteig halten wir uns dann rechts und steigen auf dem bekannten Weg Richtung Alpengasthaus Schneeberg ab.

Herrlicher Ausblick ins Inntal und zum Kaisergebirge vom Pendling

Thierseetal | 6. Pendling

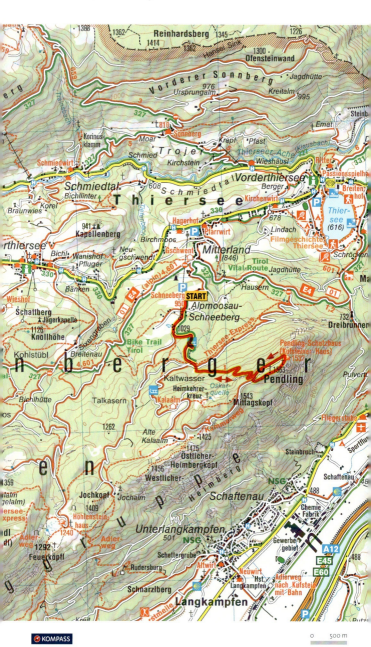

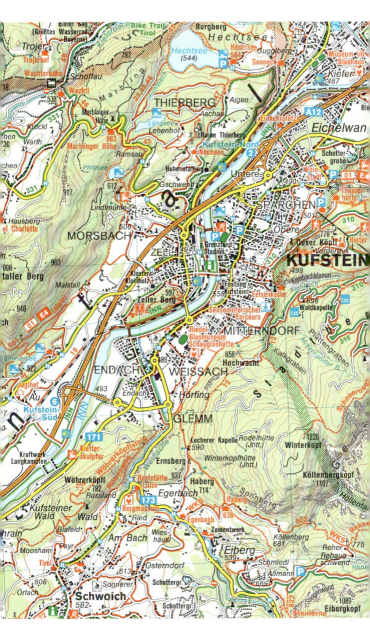

7. Pendling – Kalaalm
Aussichtsreiche Gipfel- und Hüttenwanderung

Ausgangspunkt: Alpengasthaus Schneeberg, 950 m (beim Gasthof Pfarrwirt, an der Straße Vorderthiersee-Hinterthiersee links abbiegen; ein asphaltiertes Sträßchen führt hinauf; großer, gebührenpflichtiger Parkplatz) | **Charakter:** Breite Forstwege und ein schmaler, kehrenreicher Waldsteig mit vielen Holzstufen **Einkehr:** Kufsteiner Haus, Kalaalm | **Karte:** KOMPASS Nr. 8, 9, 09 (1:25 000)

 Leicht   8,75 km    615 hm / 615 hm   3:30 Std.

Wir starten wieder beim **Alpengasthaus Schneeberg** und folgen der Anstiegsmarkierung zum **Pendling** wie in Tour 6 beschrieben.

Nach der Panoramaschau vom Gipfelbereich und der Einkehr im **Kufsteiner Haus** machen wir uns an den Weiterweg Richtung Kalaalm. Dafür können wir zwischen zwei Möglichkeiten wählen: Entweder halten wir uns wieder an den Kammweg, der uns nochmals an den beiden Gipfelkreuzen vorbei führt oder wir gehen alternativ rechts am Kufsteiner Haus vorbei und nehmen die breite Forststraße Richtung Kalaalm.

Die Straße, die wieder leicht ansteigt, verlassen wir bei einer schlecht zu sehenden Markierung (rotes „K" am Baum) in den Wald und wandern auf dem ehemaligen Kammweg über den unmarkierten Mittagskopf hinweg. Die Markierung wird besser und ein Steig leitet uns bergab bis zu einem Schild, wo sich auf freier Wiese das Heimkehrer-Kreuz befindet. Sehr schöne Aussicht. Leider ist hier die Kalaalm nicht angeschrieben, wir folgen aber dem Weg mit der roten Markierung nach links und sind nach einem kurzen Waldstück in 10 Minuten bei der **Kalaalm** angekommen.

Die Jausenstation Kalaalm ist bekannt für ihren täglich frischen Schweinsbraten und bietet sogar Zimmer zum Übernachten an.

Von der Alm nehmen wir für den weiteren Abstieg einen schönen Wiesenpfad, der sich uns zur richtigen Jahreszeit – im Frühling – als Schneerosenweg präsentiert. Die Beschilderung „Schneeberg-Mitterland" führt uns dann etwas steiler bergab, bis wir wieder die Forststraße erreichen und auf ihr zurück zum Ausgangspunkt beim Gasthaus Schneeberg wandern.

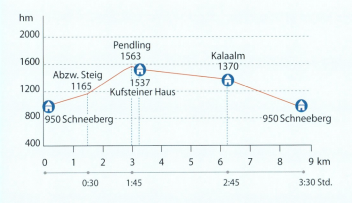

Einkehr in der Kalaalm

Thierseetal | 7. Pendling – Kalaalm

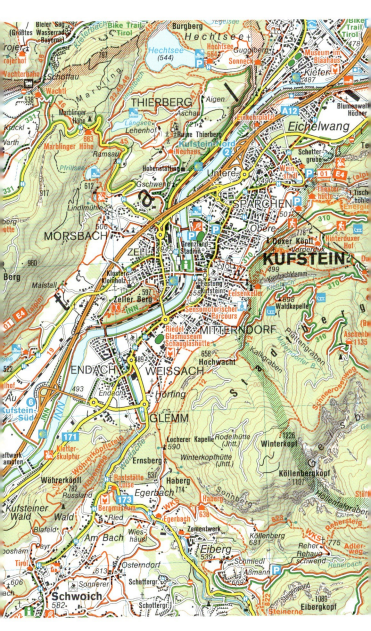

8. Schneeberg – Kalaalm

Ausflugsziel mit Spaßfaktor für die ganze Familie

Ausgangspunkt: Alpengasthaus Schneeberg, 950 m (beim Gasthof Pfarrwirt, an der Straße Vorderthiersee-Hinterthiersee links abbiegen; ein asphaltiertes Sträßchen führt hinauf; großer, gebührenpflichtiger Parkplatz) | **Charakter:** Leichte Wanderung auf breitem Forstweg | **Einkehr:** Alpengasthaus Schneeberg, Jausenstation Kalaalm | **Karte:** KOMPASS Nr. 8, 9, 09 (1:25 000)

 Leicht 6,5 km  420 hm / 420 hm 1:50 Std.

Vom **Alpengasthaus Schneeberg** marschieren wir zunächst auf Teer, dann auf Schotter bis zu den letzten Häusern und folgen weiter dem breiten Forstweg, der Pendlingstraße, die uns in knapp 1 Std. zur vielbesuchten und ganzjährig geöffneten Jausenstation **Kalaalm** hinaufleitet.

Seit September 2010 gibt es unmittelbar neben der Kalaalm einen ganz besonderen Blickfang: Eine kleine Kapelle, die im Stile einer Grottenkapelle errichtet wurde.

Der Anstiegsweg ist für den Verkehr gesperrt, wird im Winter geräumt und dient bei entsprechenden Wetterverhältnissen als **Rodelbahn**. Im Sommer kann man neuerdings mit den so genannten **Mountaincarts** abfahren (siehe Bild). Beides ist – gegen eine geringe Gebühr – bei der Kalaalm erhältlich und kann – nach rund 15 Minuten Abfahrt – im ausgeschilderten Zielbereich, am Ende der Forststraße abgegeben werden.

So lassen sich die kurvenreichen 3 Kilometer und über 400 m Höhenunterschied recht spaßig gestalten.

🛈 KOMPASS INFO

Rodelbahn Kalaalm
Leichte bis mittelschwere Rodelbahn, auch für Anfänger geeignet, da keine steilen Abbrüche entlang des Weges und keine Bäume zu nah an der Strecke. Die Rodelbahn ist abends beleuchtet. Von April bis November ist ein Teil der Strecke mit Mountaincarts zu befahren. Infos: Domitius Mairhofer Tel. +43 (0)664/3944284, oder +43 (0)664/2055358
www.kala-alm.at

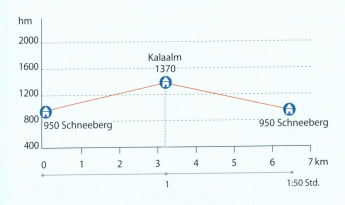

Mountaincarts verkürzen den Abstieg von der Kalaalm auf spannende Art

Thierseetal | 8. Schneeberg – Kalaalm

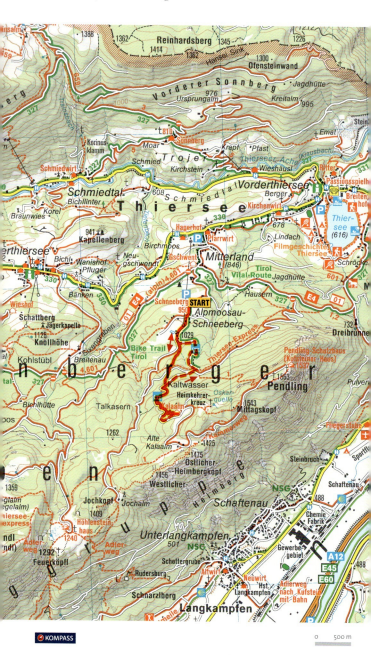

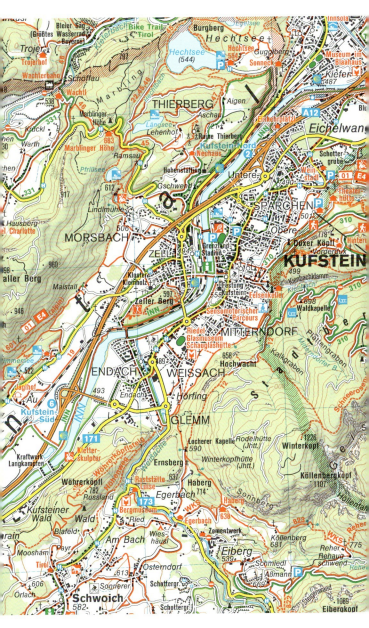

9. Schneeberg – Pendling – Höhlensteinhaus

Abwechslungsreiche Höhenwanderung mit zwei Einkehrhütten

Ausgangspunkt: Alpengasthaus Schneeberg, 950 m, (beim Gasthof Pfarrwirt, an der Straße Vorderthiersee-Hinterthiersee links abbiegen; ein asphaltiertes Sträßchen führt hinauf; großer, gebührenpflichtiger Parkplatz) | **Charakter:** Lange, aber abwechslungsreiche Rundwanderung mit aussichtsreichen Passagen und zwei Hüttenstützpunkten | **Einkehr:** Kufsteiner Haus, Höhlensteinhaus | **Karte:** KOMPASS Nr. 8, 9, 09 (1:25 000)

 Leicht   12,5 km   695 hm / 695 hm   4:30 Std.

Den Besuch des Pendlings und die Verbindung zwischen dem **Alpengasthaus Schneeberg** und dem Kufsteiner Haus können wir noch durch eine weitere lohnende Einkehrmöglichkeit ergänzen und uns bei dieser Gelegenheit auch weiterhin „Auf den Spuren Ludwig Steub's" bewegen.

Wie bei Tour 3 steigen wir auf schattigem Weg zum **Pendling** hinauf und genießen erst einmal die herrliche Aussicht vom Gipfel bzw. vom **Kufsteiner Haus**. Für den Weiterweg benützen wir den Weg über den Kamm, an den beiden Gipfelkreuzen vorbei. Im Frühjahr, wenn die Markierungen unter Restschnee versteckt sind, ist der Wegverlauf, der anfangs durch Wald führt, manchmal nicht leicht zu finden. Nach dem **Mittagskopf**, bei der **Alten Kala-Alm** treffen wir auf ein Schild „Höhlenstein", das uns den weiteren Weg weist und dem wir einem Bach entlang über die teils etwas sumpfigen Almwiesen folgen. Ein kurzer, steiler Abstieg – an Felsen rechter Hand entlang – und ein kleiner Gegenanstieg bringen uns dann in ebenes und schließlich freieres Gelände.

Wir stoßen kurz hintereinander auf zwei Forststraßen und erreichen bald darauf die **Jochalm**. Dort zeigt uns eine Holztafel den Weiterweg zum **Höhlensteinhaus**, das wir auch bald rechts unten in den Blick bekommen.

Unser bequemer und breiter Abstiegsweg, der stets leicht fallend den Schildern in Richtung Thiersee/Schneeberg folgt, findet im Winter als Rodelbahn Verwendung.

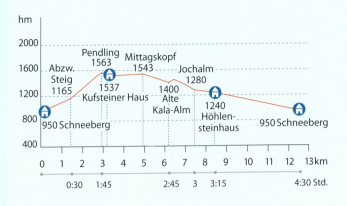

Unsere aussichtsreiche Zwischenstation – das Kufsteiner Haus

Thierseetal | 9. Schneeberg – Pendling – Höhlensteinhaus

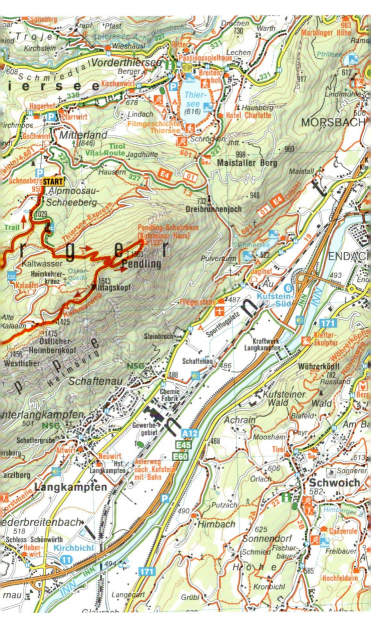

10. Korinusklamm

Familienfreundlicher Nachmittagsausflug

Ausgangspunkt: Gasthaus Schmiedwirt im Schmiedtal, 622 m
Charakter: Einfache und kurze Wanderung auf schmalem Waldpfad am Bachlauf entlang, überwiegend im Schatten, sehenswerter Wasserfall | **Einkehr:** Gasthaus Schmiedwirt
Karte: KOMPASS Nr. 8, 9

 Leicht   3 km   270 hm / 270 hm   1 Std.

Wer nach der Wanderung beim **Schmiedwirt** einkehrt, darf dort auch auf dem Gästeparkplatz parken. Dieser kurze Ausflug eignet sich besonders als Nachmittagsspaziergang und als Wandertour für kleinere Kinder.

Ein schmaler, markierter Pfad führt uns von Anfang an zügig bergan. Vorbei an einem Schießstand und einer kleinen Holzkapelle wandern wir bald in den schattigen Wald hinein. Wir folgen dem Verlauf des Trainsbaches und erreichen nach etwa einer halben Stunde Gehzeit unser Ziel, einen eindrucksvollen **Wasserfall**. Bei Nässe kann der obere Teil recht rutschig sein.

Der Rückweg verläuft über den Anstiegsweg.

Der Frühling kündigt sich an

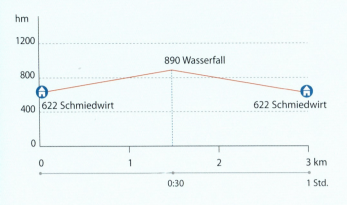

Blick über das weite Thierseetal zum Trainsjoch

Thierseetal | 10. Korinusklamm

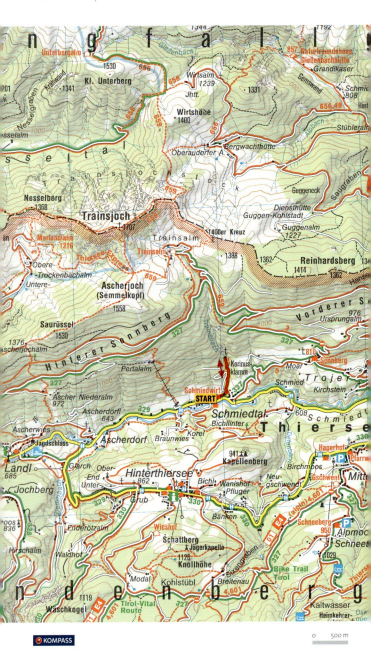

Wasserfall in der Korinusklamm

11. Wieshof – Höhlensteinhaus – Köglhörndl

Landschaftlich reizvoll, mit knackigem Anstieg

Ausgangspunkt: Hinterthiersee, Parken bei der Kirche, am Wieshof nur für Gäste, beschränkte Parkmöglichkeiten an der Straße Richtung Wieshof (bei Wegweiser) | **Charakter:** Forststraßen, Wald- und Wiesenwege, zum Köglhörndl steiler Bergsteig
Einkehr: Höhlensteinhaus | **Karte:** KOMPASS Nr. 8, 9, 09 (1:25 000)

 Mittel   16 km   785 hm / 785 hm   6 Std.

Die Parksituation am Ausgangspunkt ist relativ schlecht. Am Wieshof ist Parken nur für Gäste erlaubt und die Parkmöglichkeiten auf der Straße von Hinterthiersee zum Wieshof sind sehr beschränkt. Bei Wegweisern ist Platz für ca. 5 Autos. Ansonsten gibt es die Möglichkeit, hinter der Kirche in **Hinterthiersee** sein Auto abzustellen. Vom Ort braucht man ca. 30 Minuten bis zum **Wieshof**. Zunächst geht es eben auf der Forststraße dahin, stets dem Schild „Höhlensteinhaus" folgend. Wir verlassen die Forststraße und lassen uns von einem markierten Weg leiten, der aber immer wieder die Forststraße kreuzt. So erreichen wir eher gemütlich wandernd das **Höhlensteinhaus**.

Ein Wegweiser leitet uns direkt am Haus vorbei über die Wiese in den Wald hinein. In recht steilen Kehren geht es auf einem Steig ordentlich steil hinauf. Weiter oben durch Lärchen und zum Schluss durch Latschen. Am Gipfel des **Köglhörndls** erwartet uns eine herrliche Aussicht zum Kaiser und zum Alpenhauptkamm hinüber. Beim Abstieg folgen wir der Beschilderung „Köglalm" und wandern auf einem sehr schönen Pfad leicht abwärts. Durch ei-

Kapelle beim Höhlensteinhaus

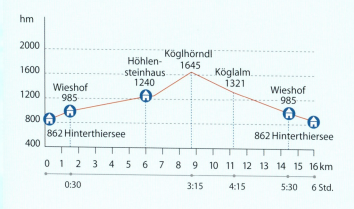

nen traumhaften Lärchenwald erreichen wir die Wiesen der **Köglalm**. Beim Wegweiser Modal/Hinterthiersee überqueren wir die Forststraße und gehen wieder in den Wald hinein, nun etwas steiler bergab, bis wir wieder auf den Anstiegsweg stoßen, der uns zurück nach Hinterthiersee bringt.

Blick zum Gipfelkreuz des Köglhörndls

Thierseetal | 11. Wieshof – Höhlensteinhaus – Köglhörndl

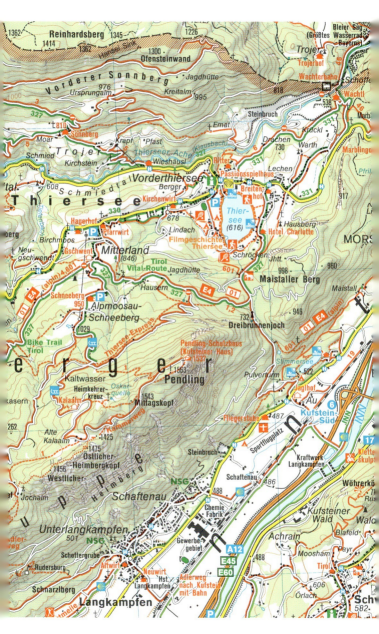

12. Sonnberg – Trainsjoch
Gipfelrundwanderung im Hochalmgebiet

Ausgangspunkt: Sonnberg, 810 m; kurz nach einem Sägewerk in Schmiedtal rechts ab, ca. 2,5 km asphaltiertes Sträßchen, Privatparkplatz bei der Jausenstation Sonnberg | **Charakter:** Schöne Almwege und Steige, im Gipfelbereich mit Holzstufen versehen, etwas Trittsicherheit erforderlich | **Einkehr:** Trainsalm
Karte: KOMPASS Nr. 8, 9

 Mittel   12,75 km   895 hm / 895 hm   4:30 Std.

Das Trainsjoch liegt direkt im Verlauf der österreichisch-deutschen bzw. der tirolerisch-bayerischen Grenze, was durch die Vielzahl der Grenzsteine, auf die man während der Wanderung stößt, dokumentiert wird. Zudem ist der Gipfel ein schöner Aussichtspunkt in das bayerische Voralpenland hinein sowie zu den östlich liegenden Spitzen des Wilden Kaisers.

Wir gehen die Fahrstraße in **Sonnberg** etwas weiter, an den letzten Häusern vorbei, bis wir uns bei der Wegteilung an die blauen Markierungen links Richtung Trainsalpe halten (auffallend ist auch die Verwendung der unterschiedlichen Bezeichnungen Trainsalpe/Trainsalm). Mehrmals können wir die Straße an blau markierten Stellen verlassen und abkürzende, aber immer wieder zum Fahrweg zurückführende Pfade benutzen.

Nach einer guten Stunde passiert man den Abzweig nach Landl/Ursprung, folgt weiter der Straße und erreicht die ersten Gebäude der **Trainsalm.** Der gut einsehbare Weiterweg führt in einer großen Linkskehre hinauf, an einer kleinen Kapelle vorbei, die an sehr aussichtsreicher Stelle zum Rasten einlädt. Hier am Ende der Fahrstraße weist uns ein Schild weiter Richtung Trainsjoch. Hinter dem letzten Haus zweigt ein blau markierter Pfad vom breiten Weg rechts hoch ab und führt uns über Almwiesen zu einer **Verzweigung.** Nun scharf rechts bis zu einem Sattel hinauf. Dort zweigt nach links der Kammweg zum Ursprungpass ab. Wir halten uns rechts und steigen – teils über neu angelegte Holztreppen – etwas steiler zum Gipfel des **Trainsjochs** hinauf. Etwas nördlicher ist auf einem Vorgipfel ein Vermessungspunkt zu sehen.

Wir halten uns nun nach Osten und steigen am Kamm etwas ab, überqueren zwei leichte Kamm-

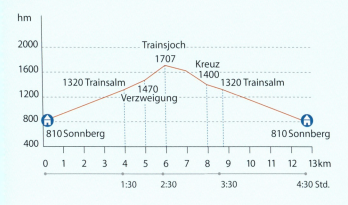

erhebungen (stets mit Grenzsteinen versehen), knicken dann stärker nach rechts ab, immer die rechts unten liegende Trainsalm im Blick und gelangen so absteigend zum äußersten Eckpunkt, wo uns ein großes **Kreuz** den Punkt anzeigt, von dem aus wir über die Almwiesen direkt zur **Trainsalm** hinabsteigen.

Beim weiteren **Abstieg** nach Sonnberg folgen wir wieder den abkürzenden blauen Markierungen.

Das Gipfelkreuz des Trainsjochs kommt in Sicht

Thierseetal | 12. Sonnberg – Trainsjoch

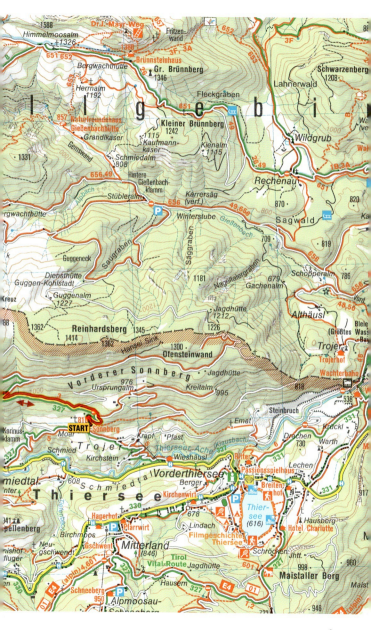

13. Ursprungpass – Mariandlalm – Trainsjoch

Aussichtsreiche Gipfeltour mit uriger Hütte

Ausgangspunkt: Parkplatz Ursprung, unterhalb des Ursprungpasses, am Eingang zum Trockenbachtal | **Charakter:** Eine sehr aussichtsreiche Almwanderung mit etwas steilerer und stellenweise felsiger Gipfelpassage | **Einkehr:** Mariandlalm
Karte: KOMPASS Nr. 8, 9

 Mittel   13 km   905 hm / 905 hm   4:15 Std.

Wir parken am **Parkplatz Ursprung**, in der Nähe des Grenzüberganges, am Eingang zum Trockenbachtal. Die stetig steiler werdende Forststraße führt uns durch den Wald hinauf bis zu einem Wegweiser: „Fußweg Trockenbach-Alm/Trainsjoch". Dort biegen wir links ab und steigen nun über schöne offene Almwiesen weiter an. Wir passieren die Unteren und die Oberen **Trockenbachalmen**. Das letzte Stück verläuft wieder auf einer Forststraße. Nach etwa einer Stunde erreichen wir die inmitten steiler Wiesenhänge schön gelegene **Mariandlalm** (Trockenbachalm), die mit einer aussichtsreichen Sonnenterrasse und vielen herzhaften Schmankerln aufwartet.

Bei der Alm folgen wir dem Schild „Trainsjoch (Trittsicherheit)". Bei den nächsten Wegschildern halten wir uns rechts und folgen dem Kammverlauf. Weiße Grenzsteine (Bayern/Tirol) säumen den Weg. Der Pfad wird nun zunehmend steiler, teilweise erleichtern Stufen den Aufstieg.

Hier bietet sich eine kurze Verschnaufpause an, mit einem fantastischen Blick auf Rotwand, Traithen und die Schlierseer Berge. Das letzte Stück zum Gipfel des **Trainsjochs** wartet wieder mit steileren Passagen auf.

> **KOMPASS INFO**
>
> **Mariandlalm**
> Eigentlich, so weiß u. a. das Rucksackradio von Bayern 1 zu berichten, heißt die Alm Trockenbachalm, aber schon seit über 35 Jahren verköstigt Marianne Pirchmoser, genannt „Mariandl" ihre Gäste mit Kasknödl, Kaiserschmarrn und Zwetschgendatschi und hat sich so zu einer richtigen Berghüttenpersönlichkeit entwickelt und der Alm ihren Stempel bzw. ihren Namen aufgedrückt.

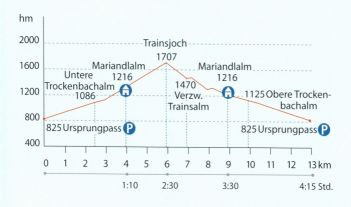

Der Abstieg verläuft auf einem unbeschilderten Weg nach rechts, der im oberen Teil auch recht steil und felsig ist. Aber mit schöner Aussicht zum Thiersee hinunter und zum Pendling hinüber. Vorbei an der **Verzweigung Trainsalm** und weiter über einen Pfad und offene Almwiesen hinüber zur **Mariandlalm**. Der weitere Abstieg verläuft auf dem Anstiegsweg zurück zum **Parkplatz Ursprung**.

Mariandlalm

Thierseetal | 13. Urspungpass – Mariandlalm – Trainsjoch

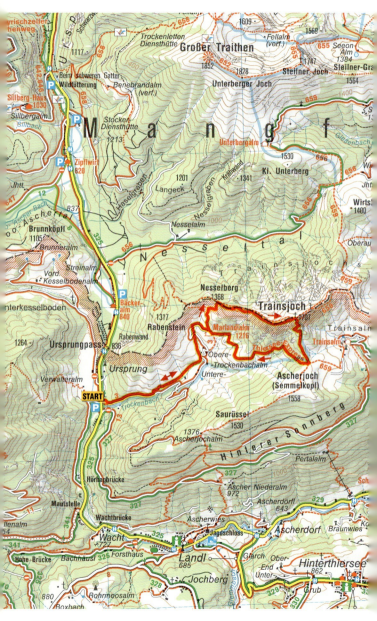

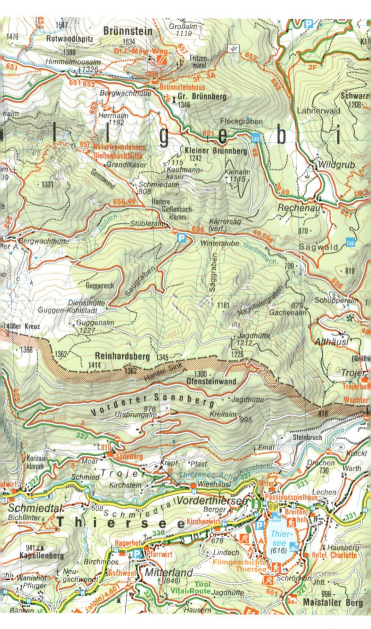

14. Mariastein – Alpengasthof Buchacker

Hütteneinkehr mit unterschiedlichem Auf- und Abstieg

Ausgangspunkt: Gasthof Schlossblick (großer gebührenpflichtiger Parkplatz), 561 m, ca. 1,7 km nach Mariastein, Abzweigung rechts bei großer Informationstafel mit Schild „Eishöhle/Buchacker/Forellenhof". Einige wenige Parkmöglichkeiten auch bei der Kapelle | **Charakter:** Kehrenreiche Forststraße im Aufstieg und schmaler Waldpfad im Abstieg | **Einkehr:** Alpengasthof Buchacker | **Karte:** KOMPASS Nr. 8, 9

 Leicht 9,25 km 865 hm / 865 hm 3:45 Std.

Die Parkmöglichkeiten unmittelbar bei der kleinen Kapelle sind sehr begrenzt und favorisieren den Frühaufsteher. Die später Kommenden müssen beim **Gasthof Schlossblick** – das seinen Namen der Aussicht zur ehemaligen Ritterburg Mariastein verdankt – parken und ein paar zusätzliche Gehminuten in Kauf nehmen.

Unser Anstieg führt direkt links an der **Kapelle** vorbei auf einem Privatweg mit Schild (Gh. Buchacker Sa/So geöffnet). Nach wenigen Minuten stößt man dann auf die Forststraße, der man nun in vielen Kehren aufwärts folgt. In einer scharfen Linkskurve steht rechts ein Gedenkstein, der uns an Josef Strellinger, den Erbauer der Straße erinnert. Nach der nächsten großen Linkskehre (hier ist die **Abzweigung** eines schmalen Pfades nach rechts in den Wald hinein, den wir beim Abstieg benutzen werden) geht es weniger kurvenreich zuerst in westlicher Richtung weiter. Bei einer Wegteilung halten wir uns rechts, steigen weiter hoch und erreichen schließlich die freie Hochfläche mit Blick zum **Alpengasthof Buchacker**. Noch wenige Meter und wir können uns zur wohlverdienten Rast niederlassen.

Im Gasthof Buchacker treffen wir auch oft auf Mountainbiker, die sich hier von den Auffahrtsstrapazen erholen, bevor sie sich auf den Weiterweg in Richtung Köglalm machen.

Unser Weg führt ebenfalls noch ein Stück auf der Forststraße weiter hoch. Wir steigen in einer weiten Kehre bergan, bis über uns ein großes Kreuz sichtbar wird. Kurz

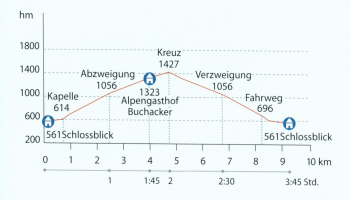

bevor wir es erreichen, auf einer Kuppe, stoßen wir bei einer Bank auf ein zweites, kleineres **Kreuz**. Hier heißt es aufgepasst und den Abstiegsweg, der rechts über die Wiesen in eine Senke hinab führt, nicht zu verfehlen.

Wir steigen ab in Richtung Bach und folgen weiter einem deutlich sichtbaren Pfad. Im Wald gelangt man an eine Wegteilung, hält sich nach links und folgt der Markierung weiter abwärts. Auf einem sehr schönen und kehrenreichen Waldpfad erreicht man bei der schon erwähnten scharfen Linkskurve die **Verzweigung** mit dem Anstiegsweg. Nun weiter auf der Forststraße bis zur Abzweigung vom **Fahrweg** und zur Kapelle bzw. zum Gasthof Schlossblick zurück.

Der hoch gelegene Alpengasthof Buchacker

Thierseetal | 14. Mariastein – Almgasthof Buchacker

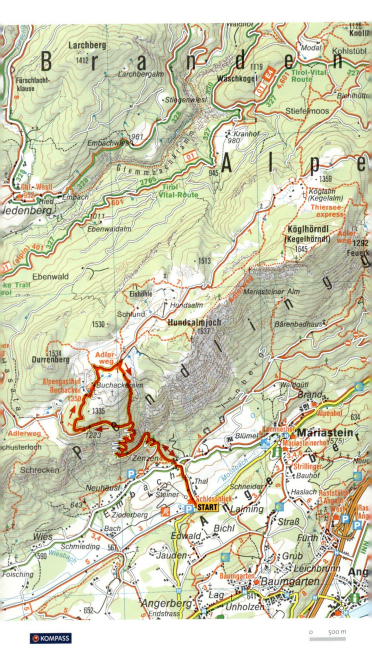

15. Eishöhle
Höhlenwanderung mit leichtem Klettersteig

Ausgangspunkt: Kapelle, 614 m, ca. 1,7 km nach Mariastein, Abzweigung rechts bei großer Informationstafel mit Schild „Eishöhle/Buchacker/Forellenhof" (begrenzte Parkmöglichkeit). Alternativ kann man auf dem großen gebührenpflichtigen Parkplatz beim Gasthof Schlossblick parken | **Charakter:** Abwechslungsreiche Wanderung zur einzigen Tiroler Eishöhle auf guten Waldwegen und leichtem Steig | **Einkehr:** Alpengasthof Buchacker | **Karte:** KOMPASS Nr. 8, 9

 Leicht 11,75 km 960 hm / 960 hm 4:30 Std.

Wir starten – wenn wir uns rechtzeitig auf den Weg gemacht haben – bei der kleinen Kapelle. Andernfalls mit ein paar Gehminuten zusätzlich vom großen gebührenpflichtigen Parkplatz beim **Gasthof Schlossblick**.

Anfangs folgen wir dem Privatweg und dem Schild, das uns die Richtung zum Gh. Buchacker (Sa/So geöffnet) anzeigt. Nach 5 Min. stößt man auf den **Fahrweg**, dem man nun in vielen Kehren aufwärts folgt. In einer scharfen Linkskurve steht ein Gedenkstein, der uns an Josef Strellinger, den Erbauer der Straße erinnert. Bei der nächsten Linkskehre verlassen wir den breiten Forstweg und folgen rechts dem schmalen **Waldpfad**.

Es geht nun kehrenreich und stetig ansteigend auf einem sehr schönen Steig durch den Wald hinauf. Bei einer Wegteilung hält man sich nach rechts und steigt weiter bergan, bis man schließlich auf einen Bach trifft. Die folgende **Senke** durchquert man und steigt über

> **KOMPASS INFO**
>
> Die einzige Eishöhle Tirols, die als zusätzliche Rarität noch Tropfsteinbildungen aufzuweisen hat, kann zwischen dem 15.5. – 1.10. jeweils an Samstagen, Sonn- und Feiertagen im Rahmen von Führungen besichtigt werden. Da die Temperaturen in der Höhle um Null Grad liegen, sollte eine entsprechende Kleidung mitgenommen werden. Die Führung durch die fünf unterirdischen Räume dauert ca. 20 Minuten und der Weg verläuft über steile Metallleitern und Stufen.

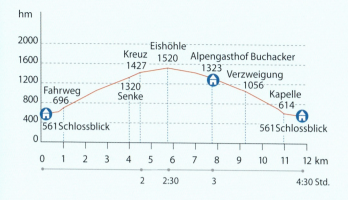

Wiesen zu einem sichtbaren großen Kreuz an. Kurz zuvor stoßen wir auf den Forstweg, dem wir nach rechts weiter hoch folgen, zu einem zweiten **Kreuz**, das auf einer Kuppe steht. Hier passieren wir auch die Wegverzweigung, an der uns ein Schild nach rechts den Weg zur Köglalm und zum Höhlenstein weist. Eine aussichtsreiche Bank lädt uns zur Rast ein und wir genießen den fantastischen Rundumblick.

Wir bleiben dann weiter auf dem Fahrweg und zweigen erst beim großen Holzkreuz nach links ab und folgen dem schmäler werdenden Pfad, der mit roten Punkten und Pfeilen markiert ist. Am Waldrand weist ein roter Pfeil „EH" links hoch. Im Hintergrund informiert uns eine Tafel. Zum Gedenken an Pepi Kruckenhauser, Höhlenforscher, gest. 1995: Pepi-Kruckenhauser-Steig (vom Tiroler Höhlenverein, 1995). Der problemlose Steig führt uns durch den Wald hinauf, bis wir plötzlich freien Blick nach links hinunter ins andere Tal haben und kurz darauf auch schon die Viktor-Büchel-Forscherhütte an der **Eishöhle** vor uns haben.

Beim **Rückweg** bleibt man bei dem großen Kreuz auf der Forststraße und folgt ihr in wenigen Minuten rechts hinab zum **Alpengasthof Buchacker**. Auf dem kehrenreichen Weg weiter hinunter und zurück zum Ausgangspunkt.

Führung in der Eishöhle

Thierseetal | 15. Eishöhle

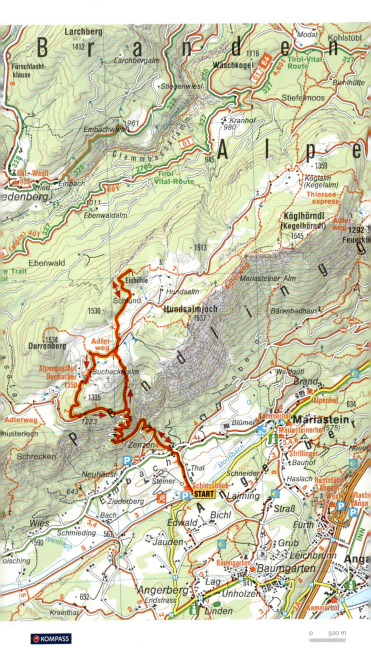

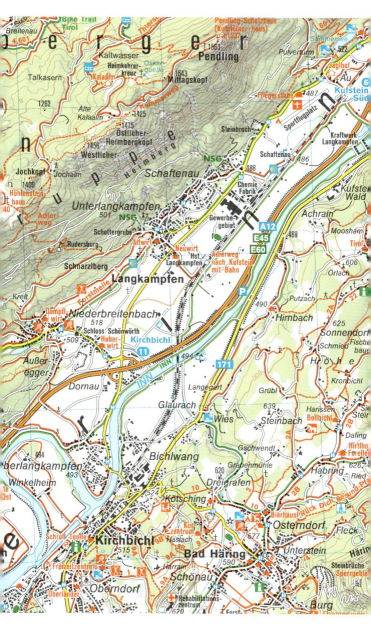

16. Buchacker – Köglalm – Höhlensteinhaus

Wanderung mit zwei Hüttenalternativen

Ausgangspunkt: Kapelle, 614 m, ca. 1,7 km nach Mariastein, Abzweigung rechts bei großer Informationstafel mit Schild „Eishöhle/Buchacker/Forellenhof" (begrenzte Parkmöglichkeit). Alternativ kann man auf dem großen gebührenpflichtigen Parkplatz beim Gasthof Schlossblick parken | **Charakter:** Forststraßen, Almwege, Waldpfade | **Einkehr:** Alpengastof Buchacker, Höhlensteinhaus | **Karte:** KOMPASS Nr. 8, 9

 Leicht 9,75 km  905 hm / 225 hm 3:30 Std.

Wer diese Hüttentour ohne Übernachtung im Höhlensteinhaus machen will, muss gut zu Fuß sein und frühzeitig losmarschieren. Von der **Kapelle** bzw. vom **Gasthaus Schlossblick** wandern wir wie in Tour 14 beschrieben über die kehrenreiche Forststraße hinauf zum **Alpengasthof Buchacker**.

Dort stärken wir uns für den Weiterweg, der uns auf der Forststraße weiter hoch führt, bis wir nach der Abzweigung beim großen Kreuz relativ eben in Richtung **Hundsalm** weiterwandern. Der Fahrweg führt nach den Almgebäuden der Hundsalm zunächst in steilen Kehren bergab, verläuft dann aber wieder fast eben, schattenlos und leider auch ohne jegliche Aussicht im Talboden dahin. Auf dem steinig-kiesigen Weg stoßen wir schließlich auf ein Marterl am Wegesrand, von dem aus wir bereits die vor uns liegende **Köglalm** sehen können. Trotz Verbotsschild für Mountainbiker werden wir immer wieder von dem einen oder anderen verschwitzten und keuchenden Radler überholt.

Wir ignorieren die Abzweigung, die den direkten Anstiegsweg zum Köglhörndl nach rechts anzeigt und halten uns links. Nach Passieren des letzten Almgebäudes folgen wir der roten Markierung „H". In einem großen Rechtsbogen gelangen wir wieder in den Wald und können bald darauf schon die Stimmen vom Höhlensteinhaus hören, besonders wenn an schönen Tagen viele Hüttenbesucher und Tagesgäste unterwegs sind. Wir ignorieren die Abzweigung nach rechts, die ebenfalls wieder zum Köglhörndl hinaufführt und wandern noch ein kurzes Stück geradeaus weiter. Haben wir die Alm-

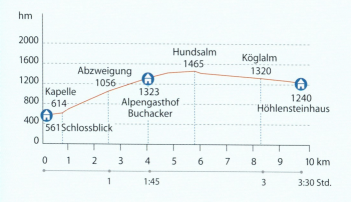

wiesen erreicht, wenden wir uns nach links, um in wenigen Minuten zum jetzt sichtbaren **Höhlensteinhaus** hinabzusteigen. Wer dort übernachtet, kann nun den sonnenverwöhnten Ort genießen und eventuell. auch den kleinen Abstecher zum Feuerköpfl machen, der fantastische Ausblicke bietet.

Wer wieder zurück zum Ausgangspunkt will, sollte sich bald auf den Weg machen, damit er beim Abstieg durch den Wald nicht in die Dunkelheit kommt.

Nach der Hundsalm, beim großen Kreuz, kann man den Rückweg abkürzen, wenn man auf einen zweiten Besuch im Alpengasthof Buchacker verzichtet. Über Wiesen steigt man von hier links in eine Senke hinab, hält sich Richtung Bach und folgt dem sichtbaren Pfad am Bach entlang in den Wald hinein. Bei der ersten Wegteilung links, bei der zweiten dann rechts geht es auf einem Waldpfad hinab, bis man wieder auf den breiten Anstiegsweg trifft, der uns zur Kapelle bzw. zum Gasthof Schlossblick zurückbringt.

Kurz vor der Köglalm

Thierseetal | 16. Buchacker – Köglalm – Höhlensteinhaus

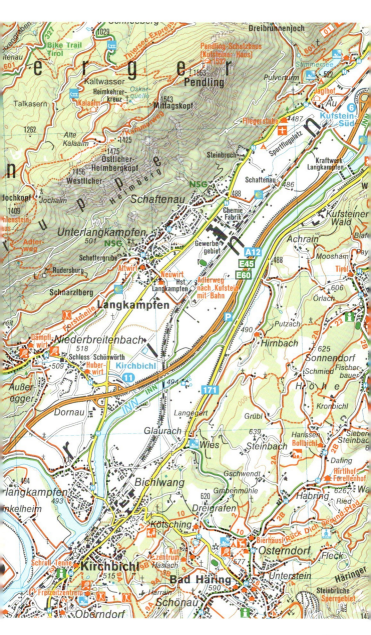

17. Buchacker – Köglhörndl – Hundsalmjoch

Einsamer Höhenweg mit Drahtseileinlage

Ausgangspunkt: Kapelle, 614 m, ca. 1,7 km nach Mariastein, Abzweigung rechts bei großer Informationstafel mit Schild „Eishöhle/Buchacker/Forellenhof" (begrenzte Parkmöglichkeit). Alternativ kann man auf dem großen gebührenpflichtigen Parkplatz beim Gasthof Schlossblick parken | **Charakter:** Breite und bequeme Forststraßen und Almwege. Der aussichtsreiche Kammweg zwischen Köglhörndl und Hundsalmjoch weist eine drahtseilgesicherte Stelle auf | **Einkehr:** Alpengasthof Buchacker, eventuell Abstecher zum Gasthof Höhlenstein (ca. 10 Min.) **Karte:** KOMPASS Nr. 8, 9

 Mittel   16,5 km   1250 hm / 1250 hm   7:15 Std.

Die hier beschriebene lange Rundtour sollte man nicht zu früh im Jahr in Angriff nehmen, einmal, weil man mehr Zeit hat, wenn die Tage wieder länger werden, zum anderen, weil dann die teilweise unangenehmen Folgen von Altschnee (Nässe im Bereich der Köglalm, Rutschpartien beim Auf und Ab am Kammweg zwischen Köglhörndl und Hundsalmjoch) den Wandergenuss nicht mehr beeinträchtigen.

Wie bei Tour 14 beschrieben, wandern wir vom **Gasthaus Schlossblick** bzw. von der **Kapelle** auf der Forststraße zum **Alpengasthof Buchacker** hoch. Dort folgen wir dem Fahrweg weiter. Dieser führt nach den Gebäuden der **Hundsalm** in steilen Kehren nach unten und verläuft dort fast eben – schattenlos und leider auch ohne jegliche Aussicht – im Talboden dahin. Der steinig-kiesige Weg bringt uns schließlich zu einem Marterl, von dem aus wir die **Köglalm** vor uns sehen können. Das Fahrverbotsschild für den zurückgelegten Weg gilt auch für Mountainbiker (die sich aber nur zum Teil daran halten).

Bei einem Schild sieht man rechts oben ein großes Kreuz, das den direkten, kürzeren aber auch steileren Weg zum Köglhörndl anzeigt. Wer einen Abstecher zum Höhlensteinhaus machen will und dann den bequemeren Anstiegsweg zum Köglhörndl wählt, hält sich links, passiert das letzte Almgebäude und folgt der roten Mar-

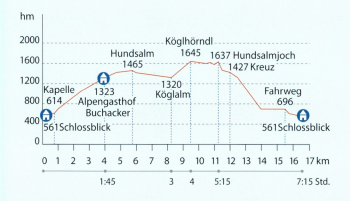

kierung „H". An manchen, vor allem besucherstarken Tagen hört man dann die Stimmen vom Höhlensteinhaus schon, wenn die nächste Abzweigung zum Köglhörndl erreicht ist. Zuerst geht es recht steil hinauf, dann gelangt man auf einen Vorgipfel, von dem aus das metallene Gipfelkreuz des unweit entfernten **Köglhörndl** bereits zu sehen ist.

Der Weiterweg folgt zuerst den Markierungen, die aber bald nach rechts abweichen (direkter Weg von der Köglalm). Wir halten uns geradeaus und folgen den gut sichtbaren Steigspuren am Kamm. Nach einigem Auf und Ab gelangen wir – teilweise recht steil – in eine Art Sattel hinab und zu einem großen Holzkreuz. Von hier zeigen sich die Felsen des Köglhörndls recht imposant.

Nach weiterem Auf und Ab erreicht man ein Schild „Gänskragen, 1530 m", dem ein sehr steiler, aber drahtseilgesicherter Abstieg folgt. Bald darauf erreicht man nach einem kleinen Gegenanstieg und durch eine Gittertüre das futuristisch wirkende aus miteinander verbundenen Metallstangen bestehende Gipfelkreuz des **Hundsalmjochs.** Rechts den Markierungen folgend steigt man zu einer großen Wiese ab, hält sich wieder rechts und steuert auf das große **Kreuz** an der Fahrstraße zum Alpengasthof Buchacker zu.

Wer auf die Einkehr verzichten will, wandert vom Kreuz links weg über Almwiesen in die Senke hinab, Richtung Bach, und folgt dort dem sichtbaren Pfad am Bach entlang in den Wald hinein. Bei der ersten Wegteilung hält man sich links, bei der zweiten dann rechts (Schild am Baum „1"), passiert einen Stacheldrahtzaun und erreicht über diesen Waldpfad wieder die Anstiegsroute eine Kehre oberhalb des Gedenksteins für den Erbauer der Straße. Nun auf der Straße weiter und zum Ausgangspunkt zurück.

Thierseetal | 17. Buchacker – Köglhörndl – Hundsalmjoch

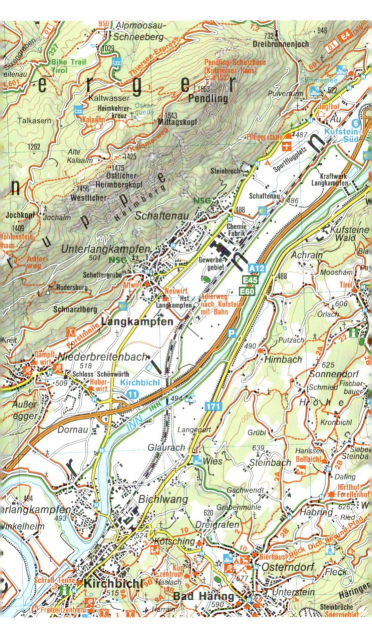

18. Bärenbadhaus – Höhlensteinhaus – Feuerköpfl

Kurze Hüttentour mit Panoramaaussicht

Ausgangspunkt: Bärenbadhaus, 834 m, mit PKW erreichbar über eine nicht asphaltierte, schmale und kurvenreiche etwa 3,5 km lange Stichstraße. Am Ende von Niederbreitenbach rechts dem Schild „Bärnbad" folgen | **Charakter:** Schöne, schattige Waldpfade, der kurze Abstecher zum Feuerköpfl ist problemlos | **Einkehr:** Höhlensteinhaus | **Karte:** KOMPASS Nr. 8, 9, 09 (1:25 000)

 Leicht   4 km    475 hm / 475 hm   2:30 Std.

Vom nicht mehr bewirtschafteten **Bärenbadhaus** wandern wir noch ein Stück weit auf dem Fahrweg weiter, vorbei an einer kleinen Kapelle, bis uns Markierungen nach links weisen. Wir steigen nun stetig leicht an und bleiben auf diesem Waldpfad, alle unmarkierten Abzweigungen ignorierend.

Wer es gemütlich mag, hat mehrmals die Gelegenheit auf einer der vielen Sitzbänke eine kurze Rast einzulegen, die stets an besonders aussichtsreichen Stellen angebracht sind. Der Blick nach oben zeigt uns die schroffe Seite des Feuerköpfls, dessen steil aufragende Felsen sich hier besonders markant und eindrucksvoll ins Bild setzen. Nach zahllosen Kehren, die aber meist im Schatten verlaufen, erreichen wir einen Drahtzaun mit schmiedeeisernem Tor, das wir durchschreiten und so wenige Minuten später auf eine ausgeprägte **Kuppe** gelangen.

Von hier aus erblicken wir in einer sonnenbeschienenen Senke inmitten von Wiesen das einladende Höhlensteinhaus. Von dieser Kuppe zweigt nach rechts auch ein gut sichtbarer Pfad zum Feuerköpfl ab. (Hier werden wir auf dem Rückweg entlang kommen.) Wir halten uns aber geradeaus in Richtung Norden und wandern gemütlich über die offenen Wiesen auf das **Höhlensteinhaus** zu.

Nach der Einkehr steigen wir auf direktem und bequemen Weg zum nahen Gipfel des **Feuerköpfls,** der uns mit einer wunderbaren Aussicht erwartet. Über einen schmalen Pfad zur **Kuppe** und zum Anstiegsweg zurück beim Abstieg im Wald wählen wir dann die erste Abzweigung nach rechts (Schild „Bärnbad") und folgen dem Waldpfad, der zunächst etwas ansteigt, dann aber stetig fallend und sehr schön zu unserem Ausgangspunkt, dem **Bärenbadhaus**, zurückleitet.

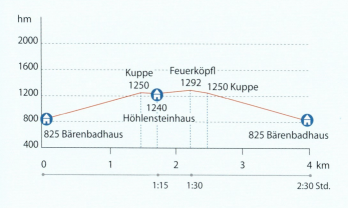

Das Höhlensteinhaus

Thierseetal | 18. Bärenbadhaus – Höhlensteinhaus – Feuerköpfl

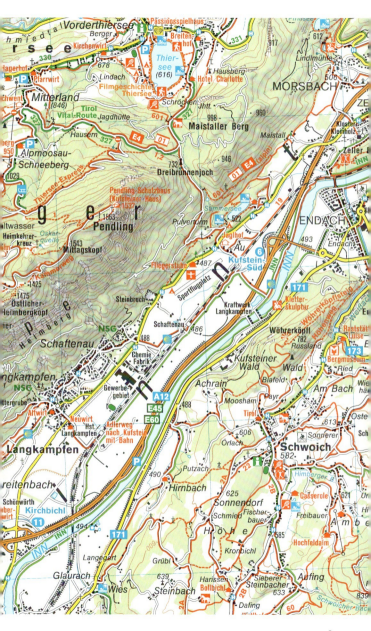

19. Bärenbadhaus – Köglhörndl – Höhlensteinhaus – Feuerköpfl
Zwei Aussichtsgipfel mit Einkehr

Ausgangspunkt: Bärenbadhaus, 834 m, mit PKW erreichbar über eine nicht asphaltierte, schmale und kurvenreiche etwa 3,5 km lange Stichstraße. Am Ende von Niederbreitenbach rechts dem Schild „Bärnbad" folgen | **Charakter:** Sehr aussichtsreiche Gipfeltour auf schönen Wald- und Bergpfaden | **Einkehr:** Bärenbadhaus, Höhlensteinhaus | **Karte:** KOMPASS Nr. 8, 9, 09 (1:25 000)

 Mittel   9,50 km   880 hm / 880 hm   4:30 Std.

Wer es ganz sportlich mag, dem sei geraten mit dem Rad bis zum Bärenbadhaus hinaufzufahren, der enge und kurvige naturbelassene Fahrweg bietet sich als Mountainbikestrecke geradezu an. Vor allem hat man dann einen guten Grund, bereits im nicht mehr bewirtschafteten **Bärenbadhaus** eine erste Rast einzulegen.

Wir folgen noch ein kurzes Stück dem Fahrweg, eine kleine Kapelle passierend, bis zu Markierungen, die uns den Weiterweg nach links hoch anzeigen. Wir ignorien sämtliche Abzweigungen und bleiben auf dem gleichmäßig steil ansteigenden Waldpfad, der mehrmals Sitzbänke zur aussichtsreichen Rastpause anbietet. Die steil aufragenden Felsen des Feuerköpfls setzen sich hier markant und eindrucksvoll ins Bild. Nach etlichen Kehren erreichen wir einen Drahtzaun mit schmiedeeiserner Tür und wenige Minuten später gelangen wir auf eine Kuppe, von der aus wir vor uns das Höhlensteinhaus erblicken. Nach rechts zweigt gut sichtbar der Pfad zum Feuerköpfl ab.

Wir halten uns aber weiterhin geradeaus Richtung Norden, lassen das direkt vor uns auftauchende **Höhlensteinhaus**, das inmitten einer sonnigen Senke liegt, rechts liegen und folgen dem gut sichtbaren Anstiegsweg über die Wiesen zum Wald hinüber. Leicht steigend bringt uns dieser Pfad nach wenigen Minuten zu einer Abzweigung. Hier weist ein Schild links hoch. Zuerst in steilen Kehren aufwärts, dann über einen Vorgipfel zum Gipfelkreuz des **Köglhörndls**. Zurück zur Abzweigung und auf dem Anstiegsweg hinunter zur Wiese und nun zur wohl-

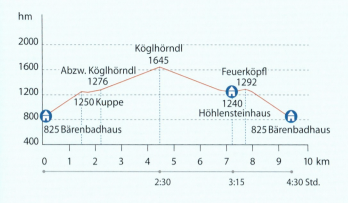

verdienten Rast ins einladende **Höhlensteinhaus.**

Anschließend wandern wir auf direktem und bequemen Weg zum nahen Gipfel des **Feuerköpfls,** der uns mit einer wunderbaren Aussicht erwartet. Darüber hinaus wartet das 1988 errichtete Gipfelkreuz mit recht interessanten Holzschnitzereien auf.

Beim Abstieg wählen wir dann die erste Abzweigung nach rechts (Schild „Bärnbad"), die zuerst etwas ansteigt, dann aber stetig fallend und sehr schön zu unserem **Ausgangspunkt** zurückleitet.

Das Köglhörndl vom Hundsalmjoch aus gesehen

Thierseetal | 19. Bärenbadhaus – Feuerköpfl

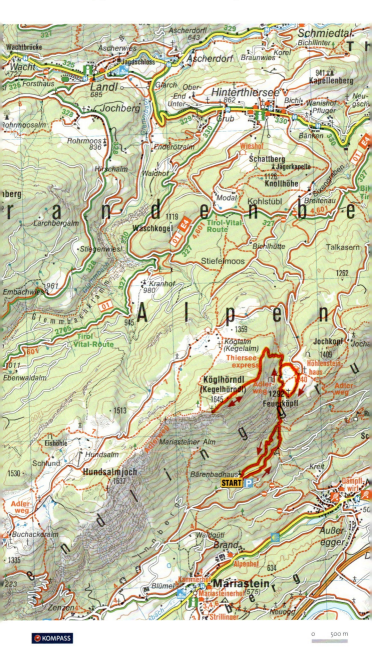

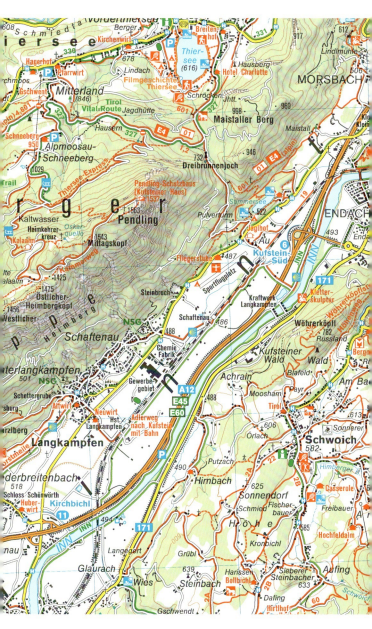

20. Dampflwirt – Feuerköpfl – Höhlensteinhaus

Kleine Gipfel- und Hüttentour

Ausgangspunkt: Dampflwirt, Niederbreitenbach, 518 m, ca. 1 km von der Autobahnabfahrt Kirchbichl/Langkampfen; Parkplätze beim Dampflwirt | **Charakter:** Schattige Waldpfade, teilweise steil und – vor allem im Abstieg – stellenweise recht schmal **Einkehr:** Dampflwirt, Höhlensteinhaus | **Karte:** KOMPASS Nr. 8, 9, 09 (1:25 000)

 Leicht 6 km 775 hm / 775 hm 3:15 Std.

Der Direktanstieg zum Feuerköpfl von Niederbreitenbach aus wird relativ wenig begangen, da die meisten mit dem Auto zum Bärenbadhaus hinauffahren und von dort aus starten. Dabei ist der Fußweg, der nur wenige Meter vom **Dampflwirt** entfernt rechts zum Dorfende hoch ausgeschildert ist (Fußweg Bärnbad) sehr schön, angenehm schattig und hervorragend markiert.

Wer beim Aufstieg keinen unbeabsichtigten Umweg über das Bärenbadhaus machen will, der hält sich bei der ersten Verzweigung (vor einer roten Sitzbank) nach rechts in Richtung Kreit, biegt vor den Gebäuden links ab und steigt am Waldrand entlang hoch. Wir folgen stets weiter ansteigend den Schildern „Köglalm, Höhlenstein", kreuzen mehrfach Forststraßen, überqueren einen Bach, dem wir aufwärts folgen und gelangen zu einem großen Holzplatz (mit einem auffälligen Schild der Tiroler Landesregierung, das sich wohl an die völlig Unbelehrbaren richtet: „Die Schneerose ist gänzlich geschützt; sie darf daher nicht gepflückt, beschädigt oder ausgegraben werden").

Der schattige Waldpfad führt nochmals kurz steil hoch, dann stoßen wir auf die Verzweigung mit dem von links heraufkommenden Anstiegsweg vom Bärenbadhaus (Tafel). Nur wenige Höhenmeter später erreichen wir die Abzweigung zur Jochalm (die **Verzweigung** mit unserem späteren Abstiegsweg).

Wir ignorieren die Abzweigung und folgen weiter unserem Anstiegspfad in steilen Kehren hoch, bis wir kurz nach einem eisernen Tor zu einer **Kuppe** gelangen, die uns freie Sicht zum Höhlensteinhaus bietet, das in einer sonnigen Senke vor uns liegt.

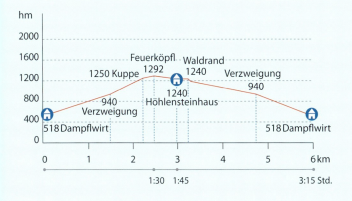

Auf der Kuppe führt ein schmaler Pfad nach rechts, der uns durch dichtes Latschengestrüpp in wenigen Minuten direkt zum Gipfelkreuz des aussichtsreichen **Feuerköpfls** hinaufführt.

Nach ausgiebiger Rundschau, das Feuerköpfl bietet fantastische Aussichten ins Inntal hinunter und hinüber zu den Gipfeln des Kaisergebirges und der Kitzbüheler Alpen, wandern wir anschließend über Wiesen das kurze Stück hinunter zum sichtbaren **Höhlensteinhaus**. Die meist gut besuchte Einkehrstätte verlassen wir in Richtung Osten und folgen zunächst dem Schild Pendling, aber nur bis zum **Waldrand**, wo uns ein Schild nach rechts hinunter weist („Langkampfen"). Kurz steil hinab, beim Drehkreuz links in den Wald hinein und stets dem markierten Pfad folgen, bis wir wieder auf den Anstiegsweg treffen, der uns zum Dampflwirt in **Niederbreitenbach** zurückbringt.

Vom Inntal aus gesehen zeigt das Feuerköpfl seine schroffe Seite

Thierseetal | 20. Dampflwirt – Feuerköpfl – Höhlensteinhaus

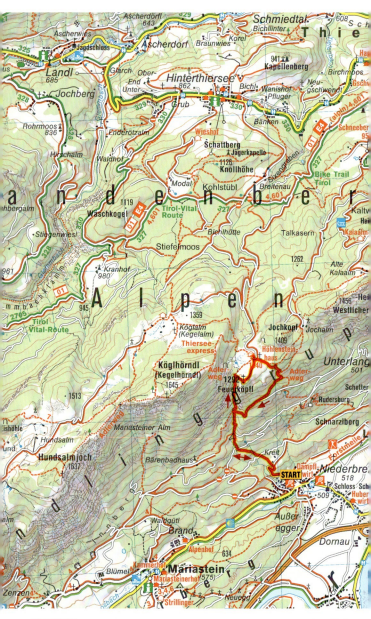

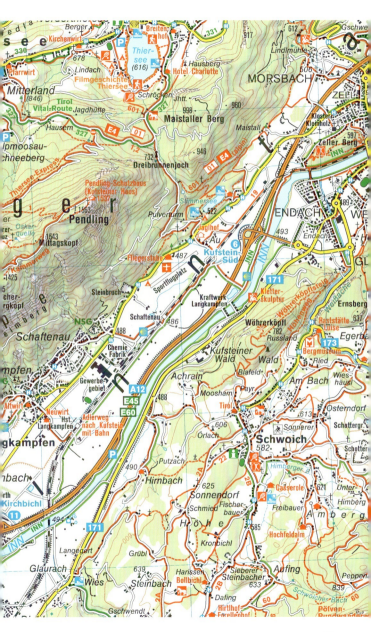

Index

	Seite		Seite
Bärenbadhaus	13, 84, 88	**N**euhaus, Gasthof	13, 20, 21, 24, 25
Buchacker, Alpengasthof	13, 68, 72, 73, 76, 80	Niederbreitenbach	12, 84, 88, 92, 93
Dampflwirt	13, 92	**P**assionsspiele	11
Dreibrunnenjoch	32	Pendling	36, 40, 48
		Pendlinghaus (siehe Kufsteiner Haus)	
Egelsee	10, 24	Pepi-Kruckenhauser-Steig	73
Eishöhle	11, 72, 73	Pfrillsee	10, 24
Feuerköpfl	84, 88, 89, 92, 93		
Filmmuseum Thiersee	10, 11, 29	**R**odelbahn Kalaalm	44
Hechtbach	17, 24	**S**chlossblick, Gasthof	68, 72, 76, 80
Hechtsee	10, 16, 20, 24	Schmiedwirt, Gasthof	52
Hinterthiersee	12, 56	Schneeberg, Alpengasthaus	13, 36, 40, 44, 48
Höhlensteinhaus	13, 48, 56, 76, 77, 84, 88, 89, 92, 93	Seearena	16, 21
Hundsalm	76	Stimmersee	13, 32, 33
Hundsalmjoch	80, 81	Stimmerstausee	32
Jochalm	48	**T**hierberg-Kapelle	20, 25
		Thiersee	9, 10, 12, 28, 32
Kalaalm	13, 40, 44	Trainsalm	13, 60
Köglalm	13, 57, 76, 80	Trainsjoch	60, 64
Köglhörndl	56, 80, 81, 88	Trockenbachalm, Untere und Obere	64
Korinusklamm	52		
Kufsteiner Haus	13, 36, 40, 48	**U**rsprungpass	64
Landl	12		
Längsee	10, 24, 25	**V**orderthiersee	12, 28
Mariandlalm	13, 64, 65	**W**achtl-Bahn	10
Mariastein	12, 68, 72, 76, 80	Wieshof	56
Mittagskopf	48		
Mountaincarts	44		